生态型
人力资源管理

——互联网时代的人才管理战略

◀◀◀◀ 吴彦红◎著 ▶▶▶▶

Ecological Human
Resource Management

—*Talent Management Strategy in the Internet Age*

经济管理出版社
ECONOMY & MANAGEMENT PUBLISHING HOUSE

图书在版编目（CIP）数据

生态型人力资源管理——互联网时代的人才管理战略/吴彦红著 . —北京：经济管理
出版社，2017. 12

ISBN 978-7-5096-5626-6

Ⅰ.①生… Ⅱ.①吴… Ⅲ.①人力资源管理 Ⅳ.①F243

中国版本图书馆 CIP 数据核字（2017）第 328296 号

组稿编辑：张　艳
责任编辑：赵亚荣
责任印制：黄章平
责任校对：陈　颖

出版发行：经济管理出版社
　　　　　（北京市海淀区北蜂窝 8 号中雅大厦 A 座 11 层　100038）
网　　址：www. E-mp. com. cn
电　　话：(010) 51915602
印　　刷：北京晨旭印刷厂
经　　销：新华书店
开　　本：720mm×1000mm/16
印　　张：11. 25
字　　数：143 千字
版　　次：2018 年 4 月第 1 版　2018 年 4 月第 1 次印刷
书　　号：ISBN 978-7-5096-5626-6
定　　价：39. 80 元

前　言

互联网时代的人才管理，构建人才生态系统是重心

在互联网时代，由于互联网技术的广泛应用，企业的经营管理有了更为广阔的生存空间，企业管理模式也从垂直型走向扁平化，从过去的自上而下走向开放型的民主组织形态。

毫不夸张地说，互联网时代的到来正在挑战传统的企业管理模式，传统的人才激励模式和人才保留政策已经难以适应人力资源管理目前所面临的形势和问题，即职能角色的定位，员工需求的个性化，员工价值观的多元化，激励机制和政策单一、呆板，信息传递和沟通渠道及方式的变化等。

互联网时代的人与企业的关系和员工的组织驱动系统已经发生了深刻的变化，传统的人力资源管理六大模块已经出现瓶颈，既不被企业主认可，也不被员工认可。而建立一个健康均衡的人才生态系统可以发挥以下功能：合理引进人才，最大限度地发挥人才的作用；尽量使人才发生竞争性合作而不是低级的内耗；通过合理的人事安排，保证和谐的人际关系，留住人才。

人力资源生态系统是在特定的区域与时间内，组织内各类人才与各类组织及人才市场之间所形成的系统关系。在这个系统中，人才从无到有，密集度逐渐增加，人才个体及同质人才以及异质人才间相互学习、共享资源，逐

渐形成生态关系。企业组织内一定类型的人才所组成的上下游人才所形成的群体关系越来越密切，生态也越来越丰富，外在环境更适宜。随着竞争的加剧，劣质、弱势的人才受排挤而离开，优质、强势的人才获得生存并得到发展。但随着人才生存环境的变化，人才也会迁移到更适合自己发展的地方，从而打破了原有的人才平衡状况，这就形成了人才的良性流动。

在互联网时代，要实现有效的人力资源管理，需要良好的生态系统与之相适应，因此必须构建人才生态系统，这是互联网时代的人才管理的重心。为此，企业必须认真研究未来企业生态组织特征，建立人力资源管理新思维，重构互联网时代的企业人才生态链，运用行之有效的人力资源管理手段和方法，并采取互联网时代企业人性化和扁平化人力资源管理策略，用创新思维构建人力资源生态圈，而这正是本书的主旨和将要阐述的内容。

目　录

第一章

未来企业生态组织特征与人力资源管理新思维

　　企业是时代的产物，只有适应时代要求，不断自我变革与创新，企业才能基业长青。而企业最难、最深层次的变革是组织与人的变革。组织是人的连接与集合，人是主角，组织始终围绕人来定义能力与价值，围绕人与组织关系的重构来提升组织效率与价值创造活力。因此，在质变与不确定的时代，我们需要全面了解未来企业生态组织的十大特征，深入理解人力资源管理生态系统的内涵，确立未来企业人力资源管理新思维。成长型公司在互联网时代要做好人力资源管理，从而使组织有前途，工作有效率，人才有活力。

第一节　未来企业生态组织的十大特征

未来的企业将会是一种什么样的组织？笔者认为，无非有这样几种：学习型组织、流程型组织、无边界组织、创新型组织、平台化组织、网络组织、蜂窝组织、混序组织、任务中心制组织、自组织、生态型组织、云组织等。在这些组织形式中，有的是从组织结构和形态变化角度来称呼的，有的是从组织流程变化角度来定义的，有的则是从劳动生产组织方式角度来概括的。

如果想做好人力资源管理，面对众多组织形式，企业就要将各种组织普遍具备的特点提炼出来，设计出互联网时代适合自己企业的生态型组织。

我们通过对实践案例的研究及对生态型组织的感知，认为未来企业生态组织有以下十大特征，也是未来企业生态组织的十大趋势。

特征一：组织的结构从金字塔式科层组织到扁平化、网络化组织

工业文明时代的典型组织形态是金字塔式科层组织结构，这种组织结构的典型特征是自上而下的指挥命令链条，从高层、中层到执行层形成金字塔式形态，基于专业分工形成专业职能部门。其特点是分工明确、组织边界清晰、权力集中、指挥命令层层传递、管理层级多、决策重心高、对市场反应速度慢。

互联网时代的企业，要适应复杂、不确定的外部环境，要应对消费者瞬息万变的需求，要抓住互联网与知识经济的发展机遇，组织结构就需要从过去那种金字塔式、科层式的垂直组织结构逐渐向扁平化、网络化的组织结构转型，使组织变得更轻、更快、更简单、更灵活。

Google 等互联网企业首先对这种组织模式进行了颠覆，它们采取的是扁平化的网状组织架构。这是一种非框架、非结构、非固定的状态，公司里即使设置着很多"项目经理"，也需要他们自己来找"活儿"。在 Google 内部，一旦出现了需要解决的难题、规划、计划等任务时，就会成立众多工作小组，分头负责随时可能出现的专项工作，因此公司里存在很多"双重领导"与平行决策。

对传统企业而言，扁平化意味着组织：一是要不断减少管理层级，尤其要削减中间层；二是要不断减少行政审批与汇报层级；三是平行决策，决策越来越授权给一线，决策链条越来越短，执行的速度越来越快。

任正非是华为总裁，他曾在讲话中数次提到过一句话——"让一线直接呼唤炮火"。任正非认为，金字塔式管理适应于过去的那种机械化战争，而在现代战争中，能够吸引来炮火的，不一定是处于塔顶位置的将军，而是贴近前线的铁三角；要想打开塔尖，就要让组织变得更轻、更快、更强。

无独有偶！

在由传统零售商向互联网云商的转型中，苏宁也提出了自己的组织变革方向：简政放权，组织扁平化，让组织变得更轻、更灵活、更专业。

海尔作为传统的家电企业，在向产业互联网转型的变革中，首先对金字塔式科层制组织进行了系统变革，变正三角为倒三角组织；其次削减了中间层；最后划小了经营单元，推行自主经营体，授权给一线。

特征二：企业的生产组织方式从集中化、规模化、标准化转向平台化下的分布式、微化、创客化组织方式

在工业文明时代，企业的生产组织方式主要体现为集中化、规模化、标准化，而在互联网与工业智能化时代，企业生产组织模式主要有三种方式：一是智能化无人工厂大量出现。目前，中国家电企业如海尔、创维、美的都在加速智能化生产的进程，过去一个工厂要一两千人，现在只要一二十个工程师就可以了，工业4.0彻底改变了传统企业的生产组织方式。二是企业总部组织日趋平台化，内部经营单元日益微化、项目化、团队化。如海尔近年来的组织变革，就是在推进整个企业逐步走向平台化、分布式的管理。广东温氏集团则通过互联网将5.6万个家庭农场连接在一起，实行集约化管理平台下的分布式生产模式，既达到了规模化经营与集约化管理的效率与效益，又激发了分布于全国的5.6万个家庭农场的经营活力与自主经营能力。三是基于互联网社会协同组织平台的智能家庭工厂与个体知识劳动者的创客化。

企业生产组织的上述三种主要模式反映了企业组织的变化趋势，即集团将越来越成为一个资源配置平台，经营与生产的"细胞"越来越微化。这样的组织变化，为未来企业组织注入了新的活力与动力。

特征三：组织的破界与跨界将成为一种组织变革时尚

未来，超越行业界限、打破组织边界、组织无边界、跨界必然会成为组织的新趋势，组织也会从过去的串联关系走向串联与并联交织在一起的网状结构关系，从过去封闭的产业价值链过渡到现在的产业生态圈。拆除企业边界，行业边界也就消失了，新技术的应用会实现整个产业的重构。

今天，企业很难再被定性，未来组织边界的打破主要围绕四个主题进行：

（1）围绕用户打破组织内外边界，形成重构客户价值的产业生态圈。价值不仅来源于企业内部价值链的活动，还来自企业与产业边界外的客户、合作伙伴等构成的生态圈。只有产业生态，才能为用户造像，才能让用户产生极致的体验。

（2）围绕员工打破领导与被领导的边界，每个人都是CEO，都是创客。

（3）围绕组织扁平化与网络化，打破科层边界，不断细分业绩单元，将经营责任落实到个人和小团队，推倒决策墙，汇报关系多元化，项目任务蜂窝化。

（4）围绕组织氛围，打破沟通边界，实现零距离、无边界的即时沟通。

特征四：组织的合作与协同从部门化到团队化，从中央协同到平行分布协同

过去组织的合作主要是以职能为主分部门，基于部门化合作，现在是以人（人才与客户）为主划团队，诸如战略业务单元（SBU）、自主经营体、项目化团队等，能够提供跨团队、跨职能的客户解决方案的团队，将成为团队合作的新形式；过去组织内部的协同主要基于科层组织中的权力与权威，下级与同级之间的协同一定来自上级，而未来组织的协同要从中央协同到平行分布协同甚至是下级协同。

同时，从自上而下的科层制组织到无中心分布式网状结构自组织，自主经营组织的决策并不来自某个中心，而是广泛地贴近客户的散点；行动不一定来自预先设计，而是随需而动；协调不是来自上级，而是自动自发地协同。

特征五：组织的驱动机制从来自上级威权指令式驱动转向愿景与数据驱动

传统组织的内在驱动机制主要是权力驱动、威权指令式驱动，如今则为愿景与大数据驱动。要想激发人才价值，创造活力，驱动员工不断地创造价值，就不能简单地依靠指令、制度等约束，而要通过文化价值观管理，依靠人才对组织使命与愿景的认同，让众人向着一个共同的目标而奋斗。

只要唤醒人才的自我开发与自我管理意识，激发出员工的价值创造潜能，人才就能从"要我干"转向"我要干""我们一起干"。同时，用户数据必然会成为企业的核心资产，决定着产品与业务的流向，更是决策与业务运行的依据，"得数据者得天下！"

企业不要简单地按照威权的命令式指挥员工做事，而要为员工确定好未来的发展愿景，将人才凝聚在共同愿景下，同时利用大数据驱动企业决策和业务的运行。从这个角度来说，未来组织的驱动机制也就是愿景驱动和大数据驱动。

特征六：组织的管控监督机制从刚性管控走向柔性引导

所谓刚性管控，指的是依靠严格的制度、流程管理及纪律约束。可是，在知识型员工面前，即使流程、制度与风险控制体系再完备，也会存在一定的漏洞——如果人与流程、制度对着干，即使流程与制度体系再好、再完备，也无法发挥作用。只有高素质管理者及道德与技能绝佳的员工认同公司价值观，才能实现制度与管控流程的无缝连接。

人是企业的最大资产，也是最大风险，人的道德风险最难控制。对道德风险的控制除了流程、制度、信息对称，也需靠文化，更要靠柔性引导，让员工愿意并有动力去遵守规则。因此，人与文化才是组织管控的核心，也是企业整体竞争力的源泉。而从人性的角度看，信任、授权、经营责任的下移才是最有效的管控。

特征七：组织的特征从静态到动态，从封闭到开放

组织作为一个不断适应环境变化的有机生命体，不断变革、创新并进化升级将成为一种常态和生存方式，真正从静态走向动态发展；同时与外部环境不断进行能量交互与置换，使组织不再封闭，而是作为一个开放式系统不断融入产业生态，并承担起相应的社会责任。

特征八：组织沟通与氛围从面对面沟通到网络化沟通

企业内部打破部门界限，各部门及成员以网络形式相互连接，企业内部的信息和知识就可以最快的速度传播，在最大程度上实现资源共享。

特征九：组织对环境的适应性将从被动走向主动，从竞争到共生共赢

从长远角度来说，及时洞见变化、把握趋势、主动变革创新，必然会成为组织生存的核心技能；同时，构建或融入产业生态，也会成为组织生存的主要方式。只有坚持利他的理念，才能长期利己，以自我价值贡献赢得合作价值的实现，必然会成为主流生存观。

特征十：组织与人的关系重构，从人是工具到人是目的

在农业文明时期，组织与人形成了一种血缘性团队、地缘性组织；发展到工业文明时期，组织与人便形成了专业化的团队、科层制的组织；到了智能化时代，组织与人的关系实现了重构，衍生出了细胞型组织、网状结构组织，组织围绕人进行了关系与价值的重构：

从体力劳动者为主体到知识工作者为主体；

从资本雇佣劳动到人力资本与货币资本相互雇佣；

从雇佣关系到合作伙伴；

从人才管理到人才经营；

从关注现实能力到关注潜能；

从人力成本到人力资本；

从人性为本到价值为本；

从人才所有权到人才使用权；

员工体验从物质激励到全面认可体验……

这些变化都意味着，人不再是价值创造的工具，而是价值创造的自我驾驭者。

以上十大特征，虽然目前并没有形成一种大家普遍能看到的模式，但都已在实践中初露端倪，从实践中捕捉和提炼出来的。可以肯定，未来企业生态组织会朝着这十个方面去发展，或者说在发展中呈现出这些特征来。

第二节　人力资源管理生态系统的内涵

人力资源管理生态系统是由人力资源管理主体、管理客体、管理手段、管理制度、管理文化以及管理环境等要素有机联系形成的整体。根据人力资源管理环境的不同，可以将人力资源管理生态系统分为狭义和广义两个层次：狭义层面的人力资源管理生态系统是基于管理绩效最优化而有机组合人力资源管理主体、客体、内容、手段和方法等要素的系统化过程，或是营造一个有利于人力资源管理的系统整体，这个系统整体的支撑条件、要素主要来自企业内部；广义层面的人力资源管理生态系统是指建立在人力资源管理内外环境协同共生基础上的具有特定结构关系、功能形态和价值指向的有机系统。

作为一个概念结合体，人力资源管理生态系统的内涵异常丰富。人力资源管理生态系统的形成需要经历一定时间的积累，还会对企业的生存发展产生复杂的影响，并在其发展过程中深刻体现和反映出企业的发展愿景。

1. 过程性：其形成需要一定的时间过程

人力资源管理生态系统的形成需要经历较长的时间，不同性质、形态和规模的人力资源管理生态系统的成长过程都会表现出特有的阶段性和差异性，比如生命周期的演化内容、环节和结果等不同。与此同时，人力资源管理生态系统的形成和发展过程随时都面临着风险威胁和环境因素的干扰。

在企业人力资源管理生态系统形成过程中，管理者必须具有识别、利用、开发、创新环境要素的能力，并基于此来合理构建资源因子体系，包括：基本资源要素群，主要支撑人力资源管理生态系统的结构体系和功能机制的正常运行；核心资源要素群，主要推动人力资源管理生态系统的发展优化；关键资源要素群，主要化解人力资源管理生态系统的各种生存发展风险；补充资源要素群，主要应对人力资源管理生态系统发展动力的不足；此外，还包括潜在资源要素群。但以上这些并不能全尽人力资源管理生态系统的资源因子体系的内容，一些尚未被发现和利用的环境资源因子也会逐渐被纳入体系之中，它们对人力资源管理生态系统的作用仍然不能被忽视或者忽略。

2. 复杂性：其对企业生存发展的影响具有复杂性特征

人力资源管理生态系统对企业生存发展会产生一定影响，并且这种影响具有复杂性特征。作为一个有机整体，人力资源管理生态系统的运作离不开内外环境要素的排列、配置和组合。要素排列、配置、组合方式的合理与否直接影响到系统运作过程及其绩效水平，如果环境要素之间的配置结构合理，就会形成积极的推动作用，促进企业健康发展，否则就会制约企业的持续稳定发展。也就是说，人力资源管理生态系统的作用具有双向性，在某种情况下会表现出积极的方面，而在一些情况下则可能是负向的。

事实上，人力资源管理生态系统的运作是一个涉及诸多环境因素的动态过程，这些环境因素大致可以分为内部环境因素和外部环境因素。内部环境因素主要包括企业的资金、技术、信息、销售、管理制度、企业文化等；外部环境因素主要包括社会环境、经济环境、政治环境、文化环境、教育环境和科技环境等。相比较而言，外部环境因素更具有动变性，尤其是在经济全球化背景下，这种动变性表现得更突出和明显，一些企业的人力资源管理生态系统由于难以适应环境变化而出现病变衰退的情况时有发生，这就表明，并不是所有企业的人力资源管理生态系统都会对企业生存发展产生积极的推动作用。但是，从整体上看，人力资源管理生态系统有助于企业的持续发展。

可见，人力资源管理生态系统与企业生存发展、环境变化之间存在相互影响、相互作用的关系态势。人力资源管理生态系统本质上是一个巨大的"能动效应场"，其健康运行需要适应企业内外环境变化及要求。正是在动态适应环境变化的过程中，人力资源管理生态系统不断满足了企业生存发展的人力资源需求。

3. 发展性：其发展过程深刻体现和反映着企业的发展愿景

企业要想保持较强的生存力、发展力和竞争力，首先就要提出自己的经营理念、目标体系和价值指向，即发展愿景。企业发展愿景是精神层企业文化的重要组成部分，不仅能将企业的所有组织部门整合到同一目标下，还能为企业的经济活动和行为提供价值基准，此外，还对人力资源管理生态系统有着一定的导向和控制作用。

不同的企业具有不同的发展愿景，不同的发展愿景导控下的人力资源管理生态系统往往具有不同的内容要素、结构层面和运作机制，其绩效水平也会有所差异。对于初创期企业而言，如何汲取生存所需的各种生态因子，合理选择有利于生态因子流转的人力资源是其面临的首要问题；对于发展期、成熟期企业来讲，保持与企业所需资源结构相适应、发展空间结构相匹配是其人力资源管理生态系统的主要目标；而对于衰退期企业，则需要将动态连接外部环境、探寻企业发展新突破口作为人力资源管理生态系统必须解决的重要问题。

通过上面的分析可以看出，人力资源管理生态系统具有生命周期性，与企业生命周期相生相伴。此生命周期性既能体现出企业发展愿景的阶段性，也能体现出企业生命周期递进演替的差异性，是直接关系着企业生命形态的一种底蕴性支撑。

值得强调的是，人力资源管理生态系统的构建主体可以看作是一种"系统动力因子"，通过营造或创设人力资源管理内外环境联系的渠道、环节和平台，就可以实现人力资源管理内外环境及其要素组合的最优化，实现人力资源管理的绩效化。在此过程中，人力资源管理生态系统也会不断地优化升级和发展演化，进而为企业的人力资源需求和智力需求提供支持。

第三节　未来企业人力资源管理新思维

人是组织中的主角，企业组织变革应围绕人来定义组织的能力与价值，围绕人与组织关系的重构来提升组织效率与价值创造活力。在以人为核心的企业组织变革中，培养和建立起未来企业人力资源管理新思维，是企业应对未来组织结构与组织模式的新命题。具体来说要具备以下十大系统性的新思维：

1. 人才共享思维

这里的人才包括个体知识劳动者、知识劳动者和特殊的人才。过去的人才是企业所有制、单位所有制，人才是由企业所独占的。所谓人才共享思维，就是从人才所有到人才共享、人才知识与智慧资源共享、人才价值创造能力共享。

在知识经济时代，在互联网时代，越来越多的个体知识劳动者不再依附于任何一个组织，他们依据自己的专业知识、技能，可以同时为很多企业提供服务。企业需要通过项目的方式、通过合作的方式与这些个体知识劳动者进行价值交换。知识劳动者不再简单从属于任何一个单位，不再为单位所有，人才的独特能力与知识是被社会与所有企业所共享的。而对于一些特殊的人才，也不再局限某一个领域、某一个企业所有，他的知识与智慧也是在全社会的范围内共享的。在这种条件下，一定要建立从人才所有到人才共享的思维，要建设人才知识与智力资源的共享理念与机制，这是面对人才所要建立的第一个思维。

2. 人才使用权的思维

所谓人才使用权的思维，就是从人才所有权到人才使用权过渡，不求人才所有但求人才所用。不再追求拥有人才的身体，而在于拥有人才的价值创造使用权。其是与人才共享思维相适应的。

其实，对于企业来说，最大的财富不是人才，因为人才是流动的，而是企业拥有的知识产权、技能及能够使用多少人才的价值创造力。企业追求的不是所谓的人才所有权，而是人才使用权，即价值创造使用权。这是人力资源发展应该具备的第二个新思维。

3. 人才合伙思维

所谓人才合伙思维，就是从招聘人才到邀请人才入伙，从雇佣人才到人才合伙。随着人力资本在企业价值创造中地位和作用的提升，人才也由过去的那种被动适应货币资本转变为企业价值创造的主导因素。

人力资本和货币资本都具有企业价值创造权、价值分享权及价值创造决策的话语权，人力资本与货币资本的关系已经变为一种主动、平等的关系。人力资本与货币资本之间不再是单一的雇佣关系，而是一种相互雇佣关系，资本可以雇佣人才，人才也可以雇佣资本。因此，企业货币资本要尊重人力资本的价值分享权和决策话语权，要从雇佣人才过渡到人才合作。

许多企业推出的人才合伙制，其实就是人才合伙思维的体现。这些企业舍弃了"招聘人才""雇佣"等传统理念，对最能创造价值的特殊人才提出了"邀请人才入股"理念。在企业发展中，只有邀请人才入伙、邀请人才一起创业，才能共创、共享、共赢。

4. 人才聚合思维

过去，人们管人才聚合叫作整合人才、掠夺人才。今天，在大的产业生态体系中，企业都是围绕客户聚合人才，产业生态圈的背后是人才生态圈。这就是从整合人才到聚合人才。

企业要想构建人才生态圈，就不能简单地整合，而要聚合，需要众人靠共同的愿景和目标聚合在一起。所谓聚合，就是把不同产业、不同类型的人才聚合在一起，大家共同从事一项事业，形成新的人才生态圈。

过去是人才投资优先，现在是人才聚合优先。先有人才聚合，才会产生产业生态系统。一个产业所有聚合的产业生态圈，围绕产业生态，也就形成了一个人才部落、人才社区。在这种条件下，企业就不能简单地整合人才，而要建立人才聚合思维。

5. 人才价值共享思维

所谓人才价值共享思维，就是从利益分享到人才价值共创共享；从利益共同体到价值共创共享体，超值人才分享。

过去我们常说，要构建利益共同体，建立利益分享机制，而在今天的互联网时代，在共享经济时代，其核心理念不再是大家如何共同做一个饼，然后确定怎么分，而是在产业生态之中，人才会参与到整个产业的价值创造过程之中，参与做不同的饼，并参与产业价值的分享。

企业不再是简单的利益共同体，而是价值创造共享体，即超值人才分享机制。在一个产业生态之中，企业提供一个平台，人才可以自主经营并围绕客户创造价值。创造了价值就可以分享，人才所分享的价值正是他为这个组织所创造的超值价值，而不是我分得多了别人就会少了的零和关系。所以在利益的这个"饼"上，大家不再是"零和博弈"的关系，而是共创共享的关系。这就是人才价值共创共享思维。

6. 人才网络化思维

人才网络化即从集中分布到平台化分布、网络分布与团队分布，从面对面沟通到网络化沟通，基于网络平台化管理、分布式协同。在互联网时代，我们要想通过互联网、移动互联网、物联网，把分散的人的时间、精力、能力集中到一起，形成一个平台，使人与资源能够得到充分、有效的利用，就需要通过分布式的网络以及团队，把分散化的个体通过平台化、通过网络形成巨大的人力资本的聚合，从而形成巨大的人力资源的能量。

人才网络化使组织与员工、员工与员工之间不再通过面对面的沟通，而是网络化的沟通，实现网络平台化管理和分布式作业。这是现代化的人才网络平台式思维、人才网络分布式思维，也是现代人力资源管理的全新思维。

7. 人才客户化思维

人才客户化思维强调，人才是客户，要为人才提供客户化的人力资源产品与服务，要有人才客户化体验思维；客户也是人才资本，粉丝也是企业的人力资本，是核心资产。

人才发展到今天，已经不再是工具，而是客户。我们的人力资源产品的创新，能够与客户之间实现联动与互动，让客户参与，即腾讯所提出的"人力资源产品要客户化，要有产品属性，要好玩，让员工互动参与设计，有体验价值"。人力资源产品服务要关注人才需求，向人才提供个性化的产品服务，能够让人才感受到产品的属性。而且，现在越来越注重的是要把人才当成客户，要使工作娱乐化，同时娱乐要工作化。

从某种意义上讲，客户也是人力资本，也是一个企业的粉丝人力资本，要把粉丝纳入整个人力资本的过程之中。这时，客户与人才这两个概念，可以实现角色置换和价值置换。这就是在新的互联网经济和共享经济条件下我们必须要确立的人才客户化思维。

8. 人才自主经营思维

过去，我们通常说的是管控人才，未来的人才，则是要个性化张扬和人才自主经营。这就是人才自主经营思维，即从管控人才经营发展到人才自主经营。

过去是命令式的，必须要按流程、按标准来做，未来是一个从"要我干"到"我要干"，再到"我们一起干""我们一起玩"的过程。这也是人才自主经营的思维，也就是说，人才既在经营他的能力与知识，也在经营他的心理。所以，人才不仅要对自己的能力负责，要进行自我投资与管理，同时也要激发自身内在的潜能，实现价值创造最大化。这时人才真正过渡到了自主经营的真正的价值增值的时代。

9. 人才跨界思维

"跨界"是当下的热词，人才跨界更是屡见不鲜。人才跨界思维，崇尚的是跨界人才组合、跨界人才平台网络，以及单兵综合作战能力。

比如，过去的农业企业成员一般都出身于学农，人力资源管理成员则都是学人力资源专业的，但在未来，组织必然会围绕客户需求提供的价值进行体系重构。在这种体系中，人才完全是跨界的，知识结构是跨界的，人才组合是跨界的；一线员工不再是具备单一的专业能力，而要具备综合作战能力。因为，只有通过人才跨界，形成新的人才团队和组合，才能产生更大的价值。

10. 人才灰度思维

所谓人才管理的灰度思维，指的是在开放包容的新生态组织体系中，各种人才都要融入其中，整个组织的文化必须是包容开放的，是鼓励个性张扬的；对人才，不会求全责备，允许员工犯错误，允许员工失败。如此，用人就不能黑白分明，需要有灰度。

优点突出的人缺点必然也突出，顶尖的创新人才往往都是个性有缺陷的偏执者，组织要对人才多一些包容和妥协，要敢于任用有毛病的人、有缺陷的人、不完美的人。如此，整个的人力资源管理必然要从黑白分明走向灰度思维。

当然，灰度并不等于没有原则和规则，这是一种建立在众人认可的愿景和游戏规则之上的个性发挥，真正尊重了每个人独特的价值创造能力。所以，用人不能求全责备，要允许犯错误、允许失败。

上述十大未来企业人力资源管理系统性新思维是企业组织的重中之重，具有时代赋予的"以人为本"的新的思想内涵。只有培养和建立起这十大系统性新思维，才能应对企业组织变革，适应未来企业组织模式。

第四节　互联网时代成长型企业的人力资源管理

所谓成长型企业，一般是指富有活力、发展较快、前景广阔的企业，他们以中小企业为主，占我国经济主体的绝大多数。在我国数百万家中小企业中，能称得上成长型的只有一小部分，其中的绝大多数仍集中在"缓慢成长"档次，而在这个档次内，又有很大一部分距离"基本不具有成长性"仅一步之遥。成长型企业有诸多影响成长的瓶颈，其中人力资源问题是重中之重的问题。

1. 成长型企业人力资源管理的特点

成长型企业的发展周期可以被细分为初创、成长、成熟三个阶段。从管理的角度上看，第一阶段的管理模式可以称之为以人为本"一言堂"式的管理，主要是通过创业者驱动企业的发展，体现了最大限度的人性化和集权；

第二阶段是规范化管理，重点在于建立规范化的管理体系和业务流程，这是企业大规模扩张、快速健康成长的一个重要基础；第三阶段，由于企业业务的稳定增长、业务流程相对规范、人员规模较大，管理以协作与创新为核心，强调员工对企业品牌和文化的认同，管理的弹性与规范、合作与开放。

今天，处于快速成长通道中的成长型企业人力资源管理，面临着巨大的挑战：一方面，企业的管理基础相对薄弱，业务流程和组织结构正处于不断完善中；另一方面，企业的发展存在巨大的不确定性，发展策略和人力资本管理的需求会随着市场的变化而进行不断调整。成长型公司人力资源管理工作见效期长、工作任务弹性大、工作目标求"平静"，只有用怀疑的眼光指导工作，才能发现公司运营过程中存在的问题，不断提高人力资源管理水平。

2. 成长型公司人力资源管理的七个方面

一般来说，成长型公司的人力资源管理包括机构设置、招聘、绩效考评、劳资管理、薪酬福利、培训、企业文化与员工关系这七个方面。下面我们就这七个方面具体谈一谈，希望有益于大家。

（1）机构设置。许多成长型公司普遍喜欢设立综合型部门管理公司内部事务，全面负责公司的各项工作。

某公司起步不久，就设立人事行政部，负责人力资源和行政管理。一段时间后，又改人事行政部为综合管理部（企业管理部），负责人力资源、行政管理、财务管理。他们的理由是，公司规模小、员工少、事务少，没有必要设立专门机构，设立综合部门可以节省费用，少量的人就可以完成工作内容、支持公司运营了。

其实，设立综合型部门是一种短期的、非专业管理的做法，严重阻碍了公司的成长，不利于公司营销，阻碍了公司管理的提升，也增加了管理成本。

（2）招聘。成长型企业的人力资源部门要根据公司的发展状况和公司人力资源规划提出用人需求，要把招聘工作上升到公司营销推广的高度予以重视，制定详细、可行的招聘方案并进行招聘考核。

有家国外上市知名电子商务公司在中国建立了子公司，总部非常重视中国市场，全球 CEO 亲自兼任中国公司总裁，中国市场业务获得快速发展。可是，公司管理水平低下，人力资源管理水平基本为零，为了消除这一尴尬局面，决定招聘一名人力资源部经理。招聘流程是：筛选简历，候选人必须有知名公司经历、名校毕业，否则不予考虑；候选人先参加笔试，考计算机 Word、Excel 的使用，回答社保上缴比例、程序。

全球 CEO 很重视这次招聘，自认为自己在商海征战多年、阅人无数，不用主管副总裁和人力资源总监帮忙，亲自从美国专程过来面试。由于工作繁忙，时间紧张，为了节省管理成本，全球 CEO 将候选人聚在一张圆桌旁，分别向候选人提出一个不同的问题，根据答案决定下一轮候选人的去留，以此类推，最终一个就是合适的人选。

在这个案例中，我们发现的问题是，人力资源部经理应当具备从起步发展到规范完善的"纵向"发展历程经验，而不是人力资源维护经验。该公司的所作所为反映出，其人力资源管理水平很低，基本处于零水平！

其一，公司要求候选人必须具备知名公司经历、名校毕业，但此中国公司并不是成熟的国际公司在华分支机构，此项要求于公司无益，纯属盲从跟风。设立无利的硬性条件，必然会影响公司的形象，阻碍公司的发展，错失合适的人才。

其二，全球 CEO 专程过来亲自主持面试体现了公司的重视，但重视的不是地方。招聘人力资源部经理，主管副总裁和人力资源总监要比公司全球 CEO 更专业，人力资源管理水平也更高，将主管副总裁和人力资源总监放在一边而亲自面试，其实就是外行从业。

其三，全球 CEO 虽然在商海历练多年、阅人无数，但这种"阅人"主要是寻找生意伙伴，要求的是广而浅，而招聘人力资源经理要求的是深而窄，两者不能同等对待。

其四，全球 CEO 分别向候选人提出一个不同的问题，考核标准不统一，问题不统一，怎么能看出孰优孰劣？根据候选人的答案决定下一轮候选人的去留，过于草率，即使是专业的人力资源管理人员，也要经过事后分析比较才能做出合理判断，更何况是非专业的全球 CEO 当场决定？判断失误的可能性很大。招聘失败，选错了人，招聘成本、管理成本、机会成本都会增大。

招聘理念思路不对或专业水平低，都无法发现合适的人才；招聘考官选用不当，会错过合适的应聘候选人，尤其是中、高层管理人员；招聘组织与应聘人定位不同，特别是招聘组织定位错误，还会浪费双方的精力。

总之，在公司初建成长阶段，要重点招聘"孙悟空"式的员工，重视业务专业水平，其他次之，保证公司能够存活；在公司成长发展阶段，要重点招聘"猪八戒"式的员工，重视员工的适应能力和活动能力，促使公司能够尽快做大，为稳定扩张打下基础；在公司稳定发展阶段，要重点招聘"沙僧"式员工，工作踏实，没有致命缺点，即使无法创造出出色的业绩，依然可以守好本分，保证公司的稳定发展。

（3）绩效考评。对于技术专业、研发、销售部门及其人员以绩效结果评估为考核重点，即重结果，轻过程。对于行政、人力资源等内勤管理部门及人员以工作过程评估为考核重点，即重过程，轻结果。公司处于起步发展阶段时，绩效考评执行应以用人部门意见为主；待公司管理较完善，达到一定管理水平后逐步调整为以人力资源部的意见为主。

成长型企业应该依据员工的工作特点确定不同的考核评估方式。技术专业、研发、销售部门等业务部门的工作特点通常是周期较短且见效期短，工作任务明确、弹性小，工作目标鲜明；行政管理、人力资源管理等内勤管理部门的工作特点通常是周期较长且见效期长，工作任务明确、弹性大，工作目标不鲜明。绩效考评工作是技术型公司人力资源工作的重点；智力型公司在招聘到合适的员工的前提下，员工普遍追求专业的发展，因此事业心比较强，绩效考评对他们的约束力效果很低，对于智力型公司绩效考评是人力资源管理的最后一招；销售型、制造型公司人员简单，无须复杂的绩效考评体系，但需要实行倾斜的绩效考评制度，即对于新人要有所倾斜，不严格按照绩效比例考量，对于公司可以有更多的机会考察员工，降低招聘成本，吸引员工，并且对于员工可以有更多的时间适应工作。

（4）劳资管理。这方面主要做到两点：其一，强化劳动合同、员工手册等人力资源文件的完备和管理，做好公司员工保险缴纳工作；其二，加强对兼职人员的管理，结合本人意愿，为兼职人员提供资质管理和服务。

销售型、制造型公司人员数量大，变动频繁，容易引发工伤等劳资纠纷，其人力资源管理工作应将劳资管理作为重点；智力型公司因普遍具有一定的兼职人员，作为提供智力型无形产品的公司会不同程度地涉及商业秘密和知识产权，因此，也应将劳资管理作为人力资源管理工作的重点。

（5）薪酬福利。要建立一定水平基础上的包括薪金、补贴、保险、培训等在内的一系列具有竞争力的薪酬福利体系，这个总量水平不必较同行业公司很高，但内容须要丰富、细分。

由于员工特点不同，薪酬福利体系在智力型无形产品公司效果较明显，而在销售型贸易公司则效果差些。薪酬福利工作是智力型公司人力资源工作的重点，该类公司的员工社会需求高，不仅像销售型公司人员在乎物质需求（公司薪酬福利水平），而且在物质需求达到自己的期望水平时，会相当地关注社会需求（薪酬福利的内在构成），从而观察公司的管理状况；销售型、制造型公司人员简单，无须复杂的薪酬福利体系，他们普遍只关注薪酬总量。

（6）培训。培训主要有基础性培训、岗位培训、奖励培训。其中，基础性培训、奖励培训主要由公司内训实现，一般是成熟型公司的培训重点；岗位培训包括内训和外训，一般是成长发展型公司的培训重点。

因资金、时间有限等原因，初建成长型公司一般没有条件开展员工培训，可采取向员工提供培训建议、帮助其选择培训机构等措施，并给予政策支持和帮助，从而鼓励员工参加培训学习，提高员工素质，传递公司理念，稳定员工队伍。

（7）企业文化与员工关系。这一点是智力型公司人力资源工作的重点，主体员工为专业人员，感性需求较高，有着较高的凝聚力。因此，要引导员工之间、员工与公司之间多进行沟通交流，多帮助他们解决生活中的实际困难，多为他们提供服务支持；要增强员工的凝聚力和归属感，逐步形成企业文化；要建立通畅的沟通渠道和氛围，让员工了解公司的目标和发展现状，明确公司团队目标。

值得注意的是，企业文化的形成应该是一个循序渐进的过程，要将文化建设工作融于人力资源管理工作甚至公司的各个方面，不能作为一项专项工作，更不能进行炒作。

3. "互联网+人力资源管理"

互联网的最核心特征之一是"去中介化"或信息沟通渠道的扁平化。成长型公司的人才管理者需要思考和创新的地方是：如何打破层级的汇报关系，形成内部社交的互动协同关系。

互联网时代，成长型公司如何处理机构设置、招聘、绩效考评、劳资管理、薪酬福利、培训、企业文化与员工关系等人力资源管理诸问题？成功企业的经验表明，"互联网+人力资源管理"是成长型公司实施有效人力资源管理的主要途径和方式。具体来说，可以从以下几方面开始着手：

（1）情感的互动管理。员工情感是通过不断地互动产生的。在互联网时代，人力资源管理要从人性的角度出发，利用互联网的双向互动功能来提高员工情感互动性。应用内部员工管理系统，不仅可以完成日常的工作管理任务，也可以将员工的职场情商管理加入其中，对于团队工作都有潜移默化的作用。

（2）管理方式的人性化。一方面，成长型公司应该通过相对娱乐和轻松的方式，让人力资源管理体系以更为人性化的方式深入人心；另一方面，通过互联网管理系统，公司和员工可以做到频繁互动，彼此受益，合作共赢。

（3）互联网实现持续性成长。组织学习的方式正越来越多元化，对成长型公司来说，人才培养没有完美的、一招制胜的方式。以课堂培训为例，在课堂上仅能吸取10%左右的内容，需要和导师有效沟通之后得到20%，然而剩下的70%要在解决问题和自我成长中获得。因此，需要借助互联网扁平化信息传播与互动的特点，来获取这70%的持续性成长。

总之，成长是企业永恒的追求，成长型企业要充分认识到人力资源管理的特点，重新审视人这个最重要、最核心的资源，最大限度地发挥互联网的平台功能，建立良好的互联网交互体系，将人力资源管理融入互联网中，让互联网在人力资源管理中发挥最大的作用。

互联网时代企业人才生态链的重构

随着经济的发展，很多企业取得了高速成长，但人才的产出问题始终没有得到很好的解决，几乎所有的企业都面临转型时期的人才生态链这个课题。过去关于人才培养与发展的手段，也到了需要总结的阶段，过去认为非常正确的一些想法和做法，则需要拿出来解构与重构。为此，本章讨论人才生态链及其内在运行机理、解构转型时期的人才弊端、从选用育留到选融育激淘、构建开放动态的人才生态系统、重构人才生态等议题，这将有助于转型时期的企业构建人才生态链，实现人与人、人与环境、人才种群与环境的结合。

第一节 人才生态链及其内在运行机理

说到人才生态链，首先就要提到人才生态系统。所谓人才生态系统，指的是在特定的区域与时间内，各类人才群体与其生存环境，如自然环境、社会环境、经济环境、政治环境和科技环境等，形成的有机复合体。而人才生态链就是人才生态系统中的人才队伍。

1. 什么是人才生态系统

人才生态链是指在人才生态系统中，模仿自然生态系统中的生产者、消费者和分解者，以人才价值（知识、技能、劳动成果、经验等）为纽带形成的具有工作衔接关系的人才梯队。其结构模型如图2-1所示。

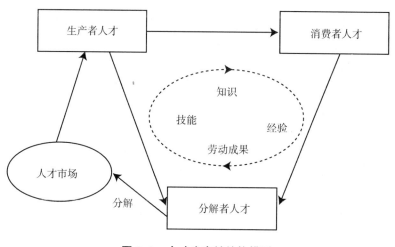

图2-1 人才生态链结构模型

在人才生态系统中，各要素间存在着复杂的关系，既有上下游人才种群间的知识、能力、经验、教训和劳动成果的传递，也有政府、企业、人才市场及培养机构等提供的支持和服务。

按照食物链的分析方法，可以将人才生态系统中的各要素分成两大类：第一类是人才生态链，指的是人才生态系统中的各人才种群，按照生产者、消费者和分解者的关系分别处于人才链条的不同节点上，并按照食物链的运作规律进行价值（知识、技能、劳动成果、经验等）的传递；第二类是与人才生态链相配套的支持服务链，包括政府、企业、人才市场、培养机构等，从政策、环境、市场和服务等角度影响着人才生态链的构建和运行。

人才生态链是人才生态系统的主体，直接关系着人才种群的生存与发展；人才种群间相互激活、相互依存、优势互补、共同进化和发展，同时支持服务链的功能定位和服务取向。要想适应互联网时代的要求，现代企业人力资源管理使用的手段和方法就要针对人才生态链中的各要素提出。

2. 人才生态链的运行机理

人才生态链上各节点的人才种群相生相克、相互依存、相互竞争。为什么各人才种群能聚集在一起并按照食物链的关系成熟运作？要想回答这个问题，首先就要探讨一下人才生态链形成与发展的内在机理，包括人才生态链的形成条件、动力基础、内在机理及作用等。

（1）人才生态链形成的条件分析。人才生态链是一个多要素、多侧面、多层次的错综复杂体，形成的关键是人才集聚，具体内容如表2-1所示。

表 2-1　人才生态链形成的条件分析

条件	分析
人才集聚	人才集聚是人才流动过程中的一种特殊行为，是指人才由于受某种因素影响，从各个不同的区域（或企业）流向某一特定区域（或企业）的过程。人才集聚不仅可以实现人才自身的价值，而且还会产生集聚效应，如正反馈效应、引力场效应、群体效应和联动效应。国内外实践已反复证明，人才集聚效应既是人才生态链存在的合理解释，也是人才生态链不断完善和发展的重要推动力。人才群体的集聚化成长，必须依靠良好的吸纳和培育机制，以最大限度地发挥人才群体的集聚效应。人才集聚不是众多人才的简单集中，而是以专业化分工与社会化协作为基础，各种类型人才种群共生互补的生态化过程。随着人才集聚的日益成熟，将产生强大的集聚引力，从而不断增强人才群体竞争力。因此，人才集聚是人才生态链形成与发展的基础，人才集聚产生的集聚引力，是人才生态链形成的必要条件
竞争与协作	人才生态链的形成，仅仅依赖人才集聚这个必要因素是不够的。在人才生态系统中，人才生态链上各节点人才种群间不间断地发生着各种各样的关系，主要有互利共生的合作关系和优胜劣汰的竞争关系。在人才生态链上，生产者人才、消费者人才和分解者人才之间更多地表现为协作、共生关系，体现为知识与技能等的互补，从而促进了种群之间的共同发展，而多种群的共生也保持了生态的平衡。但是，人才种群之间并不总是表现为合作，一旦存在着对相同稀缺资源的需求，这些种群也不可避免地发生竞争现象。人才种群之间的竞争产生必要的张力，可有效防止人才沉淀，使人才个体始终保持足够的进取动力以及高度的警觉和灵敏性，并依靠协同关系在"优胜劣汰"的竞争自强化机制中不断发展壮大，推动人才群体组合能力的动态化发展

（2）人才生态链形成的动力基础。自然生态系统中食物链的形成往往是一个自然过程，而人才生态链的形成则更多地体现了"人为"的功能，是经济、生态、自我完善与发展等因素使人才生态链上各人才种群聚集在一起。其具体内容如表 2-2 所示。

表2-2 人才生态链形成的三大动力因素

动因	含义
经济动因	在理性人假设的前提下，利益必定是各人才种群参与人才生态链的动力基础，而其他可能的动力源，比如生态性追求、自我完善与发展，还有信任或权威等只能作为补充和辅助的动力基础。这样，人才生态链形成有两个基本的经济动因：一是人才种群在人才生态链上所获得的收益大于未参与之前；二是参与人才生态链的人才种群较之其他未参与的同类人才种群能获取更多的收益。因此，人才生态链带来的经济效益是一种客观实在，它是人才生态链形成的基本动因
生态动因	人才生态链是一个有机整体，它具有整体的结构和功能，而这个整体的结构和功能的优劣又集中体现在人才生态链生态效益的高低上。人才生态链上各人才种群间的竞争与协作会对该人才链的生态平衡产生一定的影响，从而直接关系到链上各人才种群的生态环境质量。因此，人才生态链的生态效益也是一种客观实在，在保证有较高的经济效益的同时，避免产生较差的生态效益
自我完善与发展动因	在自然生态系统中，食物链是整个生态系统生存与发展的基础。在自然生态系统生存与发展的过程中，必须考虑食物链各层级的平衡发展。同样，在人才生态系统中，人才生态链是整个生态系统的能量基础，它的发展将直接影响和制约链上各人才种群的自我完善和发展。所谓人才种群自我完善与发展，是指人才生态链上的各人才种群，在满足整个人才链发展的同时，利用链上的整体优势，自身得到优化与发展，从而形成强大的吸引力，吸引种群外的其他相关人才。这将在一定程度上优化各人才种群内部的人才结构，提高种群对人才的吸纳能力，使各人才种群结构更加稳固，以应对来自外界的各种风险

（3）人才生态链形成的内在机理。实践已经证明，人才群体发展演化是以核心人才为种核的，能显示出强烈的人才种核效应。行业中的领袖级人物，通常都能对同类人才产生强大的号召力、向心力和凝聚力；他们是群体发展的生长基点和凝聚核心，能够将上下游人才聚拢在一起，并通过衍生、扩张与拓展等方式，造就更大范围、更大规模、更大影响的人才布局，形成景象壮观的"人才生态链"和"人才生态圈"，如图2-2所示。

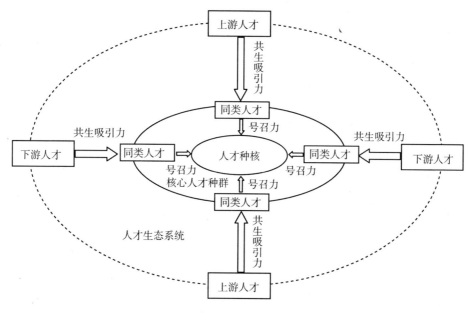

图2-2　人才生态链形成的内在机理

　　一旦形成了人才生态链，在人才优势和发展前景的映射下，就会成功吸引和辐射到处于"观望"状态的人才，将外部优秀人才不断集聚到一起，扩大人才规模。如此，人才生态链就会越来越复杂，人才群体的核心竞争力和可持续发展能力也会越来越强；同时，在群体的感召力下，人才生态链上的人才也会产生持久的黏附力。

　　（4）人才生态链的作用。在人才管理实践中，构建、延伸和优化人才生态链能有效促进新观念、新技术、新知识相互扩散，形成知识的"溢出效应"，实现人才种群间的配合与反哺，提高人才种群的工作效率和产出效率，保证人才种群间的协同进化和发展，促进人才生态圈的恢复与平衡，最终为区域或组织的人才结构优化升级提供新思路。具体内容如表2-3所示。

表 2-3　人才生态链的作用

作用	含义
促成核心种群	人才生态链有利于借助人才种核效应，促进人才结构的优化升级。领军人才是人才生态系统的核心种群，具有一定的凝聚力和向心力，不仅能对外部的同类人才产生强烈的吸引作用，而且能对种群内部人才产生持久的凝聚作用。因此，一个区域或组织在开辟一项新事业、创新一种新机制时，要引进和选拔那些高层次和拔尖人才，并以此为旗帜，建立强有力的人才种群凝聚核，以迅速吸引大批同类人才，从而有效改善现有人才结构，提高人才群体产出效能
建立人才梯队	人才生态链有利于建立合理的人才梯队，优化人才的层次结构。人才生态链呈金字塔形状，越是处于基础地位的种群，数量相应越庞大；处于高端的则是少数。这种生态结构必须时时保持动态平衡，任何一个节点的弱化或缺失，都可能导致整个人才生态系统的崩溃。因此，一个区域或组织在引进高级人才的同时，还必须确保有相当数量的初中级人才与其匹配，以发挥整体优势效应，在激烈的竞争中促使一流人才和优秀团队"浮出水面"
人才、知识的再生产	人才生态链有利于实现"人才再生产"和"知识再生产"，改善人才的素质结构。人才生态链上存在的三大功能类群（生产者人才、消费者人才和分解者人才）在其生态环境各生态因子的综合作用和影响下，面临较大的生态选择压力，这就促使它们积极开展协调动作，将从生态环境输入的物质流、能量流、信息流进行内化处理，实现"人才的再生产"和"知识的再生产"，从而优化和提升人才素质结构。因此，一个区域或组织必须保证人才生态系统内在功能有效化，以改善现有人才的素质结构

　　总之，人才生态链展示了人才生态系统中各要素间的有机联系和复杂关系：人才的价值（知识、技能、劳动成果、经验）按照食物链的运作规律进行传递，而与人才相配套的企业人力资源环境将提供支持服务链，从制度、文化、服务等方面影响其构建与运作。基于此原理，人才生态链便对现代企业的人力资源管理的手段和方法提出了新的要求。

第二节　解构转型时期的人才弊端

中国企业的转型每时每刻都在进行，既然要讨论转型时期的企业人才生态链，就要正视这一时期的人才弊端。

在人才建设方面，转型中企业会遇到前所未有的挑战，比如存量人才有没有随时转型的意愿、增量人才能否与企业互相融合、用人企业有没有随时解冻存量与增量人才的能力、整个人才市场有没有提供人才随时进化的能力等。这里，我们就对转型期企业遇到的问题进行梳理并简单地给出建议。

1. 新业务发展缓慢

很多企业进入新的业务阶段，发展不相关的多元化，但新业务却发展得举步维艰。几乎所有的本土企业进入新行业，都会到处寻找行业的领军人物，但是这些人很多都难以留下来去真正帮你发展新业务。

企业没有新业务时，人力资源管理要从转型发展的实际出发，注重转型后的业务发展，以新时期的重点工作为切入点，以激励员工为主旨，全面地对现有的绩效考核以及薪酬绩效制度进行完善与修改，并在适当的时期在公司范围内运行实施，以尽快配合公司的转型。

2. 总部价值缺失

民营企业甚至国企的总部怎么去创造价值？总部一夜之间就可以拼起来，但是这种配置出来的总部缺少生长的过程，它的运作已经和分、子公司事业部的衔接存在很大问题，所以往往面临用人荒、能力荒问题。

转型时期的企业总部要结合转型期实际情况，在协同效应管理、组合效应管理、重组效应管理、核心能力转移、愿景驱动和能力哺育等方面下功夫，全力创造出总部应有的价值。

3. 移动互联网的冲击

移动互联网只能在渠道方面发挥应有的作用，很难深入到企业的每一个环节加以改变，因为传统行业中的人很难改变自己现在的成熟做事方式及心态。

面对移动互联网大潮，无论是传统企业还是互联网企业，必须运用互联网的思维与意识，明确公司战略定位与经营模式，锐意创新，快速地进行转型与升级，构建适应时代发展的商业模式与发展路径，如此才能实现可持续发展。

4. 人才队伍老化

无论在多么辉煌的企业中，很多员工都难以持续成长。企业在往前走，人才却跟不上步伐，原来打天下的人很难重新焕发自我。

面对人才队伍老化的问题，企业必须摒弃现在不需要人才也可以发展得很好的观念，坚持人才优先发展战略，结合企业转型发展实际，制定中长期人才发展规划和年度人才需求计划，做好人才储备工作，并激发各类人才的工作积极性，增强人才对企业的认同感和归属感。

5. 老板阻碍人才发展

企业的老板很容易成为人才发挥的瓶颈，老板被众星捧月，自然也就无法真正发挥外来人才的作用。其实，不管在企业内部还是外部，很多人才的成长都很慢，甚至还倍感压抑。要想促进人才的发展，老板必须懂得什么是人力资源管理，不仅要在管理实践中真正以"人"为中心、关注人的成长与发展，还要做到了解人、选对人、用好人、培养人，并善于授权分权。

6. 人口红利已消失殆尽

如今，人口红利已消失殆尽，能否找到人才并将他们的能力发挥出来，决定着下一阶段企业能否脱颖而出。企业要加大对人力资源的投资力度，增强技术创新和管理创新能力，逐步提高劳动生产率和产品附加值，使人口红利向人才红利转变，使数量型的人口红利转变为质量型的人口红利，让人才助力转型，最终实现可持续发展。

总之，制约中国经济转型升级的最主要的是人才，在新经济模式面前，各行各业的企业家们过去的知识、经验、能力都在打折，已经跟不上时代发展的需要，这是真正困扰中国经济转型升级的关键问题，如果不能培养适合中国经济转型升级的复合型高级人才，中国经济转型升级很难实现。

第三节　从选用育留到选融育激淘

人才的"选用育留"具有一定的局限性。首先，它是一种单方面的考量方法，不太重视人才的全生命周期和多生命周期管理，人才入职后，不会充分考虑其未来的 10 年、20 年的持续成长；其次，将人才招聘进来后，企业要想办法留住人才，要让人才觉得这里的成长经历不同；再次，秉承"用人单位花钱雇人，员工被使用、领工资"的理念，有着强烈的主客观意味；最后，人才培养很封闭，无法从外部看待问题，真正的人才培养应突破企业限制，与外部系统进行信息交换，比如民企面临着严重的外来人才"水土不服"的问题，应将传统的"选用育留"改成互联网时代的"选融育激淘"。

1. "选": 一定要把人选对

选对人永远都是企业的第一要事。有人说, 选对一个人才, 胜过1000个普通人! 这句话是有道理的。

A公司是一家国内知名的印刷企业, 总部在北京, 主要印刷教育类用书。为了拓展大学市场, 公司打算招聘一名熟悉大学市场的销售经理。

在众多的简历中, 他们选中了应聘者张某。通过张某的简历可见, 张某很爱折腾。大学毕业六年, 他在广州、深圳、上海各工作了两年, 如今刚回到北京; 父母都是大学教授, 家里学术氛围浓厚; 他有能力, 知进取。

之后, 公司为张某安排了面试。面试后, HR经理认为, 张某只要踏实工作, 多半会成为优秀的销售人员。按照公司招聘甄选程序, 在最后决定雇用人员前, HR经理对张某进行了一系列心理测试。测试表明, 张某充满智慧, 社交技能熟练。

在这个案例中, 我们了解到"张某充满智慧, 社交技能熟练", "张某只要踏实工作, 多半会成为优秀的销售人员", 就这两点就表明了张某符合录用的条件。果不其然, 张某来到公司后, 实现了开拓大学市场的预期目标, 满足了企业用人的当前需求。

2. "融": 融化、融入

所谓融化, 就是要经常融化解冻存量人才, 让他保鲜; 而融入则是指企业与人才的互相融入。从人才角度来说, 想要融入一个新的企业平台, 通常会遇到以下几个障碍:

(1) 从平台到舞台, 过去有强大的平台和团队支撑, 可是如今只为你提供一个大舞台;

(2) 从职业经理人到事业经理人;

(3) 能否拥抱企业的愿景、使命和理想;

（4）从存在到存活，能否将自己清零，很多人还没有意识到会有生存的危机；

（5）从成功到成长，到企业是为了成长，而不是为了成功。

为了解决这些问题，有些企业已经开始突破和调整：①"带泥土移植"，帮助外来人才复制原来习惯的环境，甚至复制原来的团队；②"组团引入"，挖一个人才很难，挖一个团队则比较容易存活；③"导师护驾"，为外来人才提供心理辅导与其他帮助；④"全面轮岗"，让外来人才与"本土人才"沟通融入；⑤"创业激发"，用小微团队的形式搞内部创业，用事业来激励外来人才。

某保险公司人力资源部为了招募到适合公司的优秀人才并成功留任，精心打造了"新人90天融入计划"，帮助新员工开启在大都会人寿的成功之旅。该计划在项目执行时，将一个原则贯穿六个阶段。一个原则即70/20/10学习原则，这也是公司学习与发展的总原则。这个原则以帮助员工能最终达成绩效为目的，需要人力资源部、学习者及其主管共同努力，将学习者的学习目标与业务需求紧密结合起来。在培训后，学习者和主管应共同决定何时以及如何在工作中开展应用，从而巩固和提高能力的应用，使学习变成习惯。在这个过程中，主管将起到非常关键的作用。目前这个原则已被绝大多数的公司管理者所接受，并逐步成为他们日常管理的一部分。

这一原则贯穿于新员工入职融入计划执行的六个阶段：

第一阶段，入职第一天，熟悉环境，包括熟悉办公环境、熟悉新员工入职手册、帮新员工完成入职程序，形成对公司的整体概念等。

第二阶段，第2~3天，了解公司不同部门和各相关流程政策，正式开启新员工的成长之旅。

第三阶段，前两周，新员工与主管沟通，明确工作期望；了解相关同事及团队的运作情况。

第四阶段，第3~4周，通过在岗实践，熟悉各自的工作内容。

第五阶段，第二个月，新员工进入工作岗位，履行工作职责，重点让新员工制订自己的工作计划及全年工作目标，并与主管进行沟通确认。

第六阶段，第三个月，新员工思考自己在工作岗位上的表现，通过他人反馈等方法，明确自己的强弱项，并制订科学的个人发展计划，与主管确认后开始实施。

在三个月的新人融入计划中，各阶段都有不同的培训发展重点。期间，直接主管每个月都要为新员工做在岗辅导，关注新员工的成长。

3. "育"：培训员工，指导员工

企业招聘员工的目的是让他们将自己的能力充分发挥出来，让他们为企业创造佳绩。可是，面对新岗位，员工固有的学识和经验并不能为他提供多大的帮助，而且知识总有用尽的一天，经验也不见得就适用，因此为了让员工跟企业一起成长，就要对他们进行必要的培训和指导。

（1）认知培训。员工刚入职，对于企业了解不多，对于跟岗位工作有关的细节也知之甚少，同事之间也比较生疏。这时候的主要培训内容有：熟悉企业，如企业文化、组织结构、规章制度、员工行为规范等；明晰角色职责，如部门职责、工作流程、绩效目标等。同时，要通过学习的过程，让员工之间快速熟悉起来。

（2）职业培训。为了帮助员工完成角色转换，树立职业化思维，就要对他们进行职业培训。内容主要包括：社交礼仪、人际关系、沟通与谈判、职业生涯规划、压力管理、团队合作技能等。

（3）技能指导。共有两种方式：一是集中指导，将新员工集中起来进行培训，可以节约成本，人数达到一定数量，就能使用这种方法；二是一帮一

指导，安排熟练的老员工来指导新人，将相关的技能教给他们。

上面的这些指导和培训，都是员工必需的，缺一不可。企业的发展离不开员工个人的成长，将员工招来而不管，让他们自己去摸索和学习，员工就会忙而无措或懒于动手。如此，对企业发展必然无益。企业要想借着互联网之风发展起来，就要加强对员工的培育和指导，让员工尽快成长起来。

4. "激"：物质激励+精神激励

"激"包括两个方面，一是物质激励，二是精神激励，两者的结合是最有效的激励方式。无论新人还是老人，要去激发、激励、激活他。

在全球，沃尔玛的员工一共有两百多万名，门店共有几万家。为了激励员工，沃尔玛每个月都会评选优秀员工，绝对不会等到年底才评选；之后，他们会将优秀员工的照片贴在光荣榜上，公布公开，将物质激励和荣誉激励结合在一起，很好地实现了激励目标。

5. "淘"：淘汰不合格员工

淘汰不合格员工的原则是"庸者下能者上"，将人才培养变成一个动态过程。如果说公司是一个机体，那么将不合格的员工淘汰掉，相当于给公司"换血"，有利于后期工作的顺利进行。企业处理不合格员工的问题时可以视具体情况采取不同的方法，如表2-4所示。

表2-4　企业视不同情况处理不合格员工的方法

方法	操作规则
解除劳动合同	劳动合同的解除指的是劳动合同期限届满之前终止劳动合同关系的法律行为，它是员工和企业之间雇佣关系的非自愿性终止，如果在解除劳动合同时员工处于被动地位，那就可以称之为解雇，这可以说是对员工最严厉的处罚

方法	操作规则
惩罚制度	惩罚制度是用人单位依法对劳动者在劳动过程中的违纪、违法行为实施惩戒的一种劳动法律制度。《企业员工奖惩条例》第十一条、第二十四条明确规定了有以下行为的员工，经教育不加以改正的，应当根据情况进行行政或经济惩罚。这些行为包括：违反劳动纪律，经常迟到、旷工、没有完成工作或生产任务的；无正当理由不服从工作分配调动、指挥，或无理取闹、打架斗殴，影响生产秩序、工作秩序和社会秩序的；玩忽职守，违反技术操作和安全规程，造成事故，致使人民生命财产遭受经济损失的等。《企业员工惩罚条例》第十二条规定了对员工的处分分为警告、记过、记大过、降级、撤职、留用察看；另外可以有一定的经济惩罚
临时解雇	临时解雇指的是由于暂时缺少相应的工作，因而暂时解雇员工，但一旦有工作提供时就可以将他们召回。临时解雇和解雇是两个不同的概念，解雇是劳动合同的永久性断绝，而临时解雇只是暂时性的，管理者知道有重新召回员工的可能
保留薪资	保留并非无限期的，一般是半年至一年的时间，在这期间，保留职务与薪资。保留薪资的原因很多，如身体原因、组织外派等，当然由于表现不合格，也会给予其一定的机会，根据其表现情况再决定以后的处理方案。代谋新职是用人单位比较仁慈的做法了，由于各种原因，用人单位要辞退不合格的员工，但为了再帮助他们，给予他们第二次机会，如果有适当的机会，可以将他们推荐给别的部门或其他企业，如果在企业内部进行新职位的转换，则可能会让那些员工存有感激之情，从而努力工作，同时让其他员工感受到了企业的仁慈，增加其工作的信心和集体的归属感
末位淘汰制	现在被企业广泛采用的末位淘汰制也属于一种岗位竞争，每年规定一定比例的淘汰率，将表现最次的员工另作安排。但经过岗位竞聘或淘汰出局的并非都是不合格员工，很可能是在这个企业或组织中表现稍逊的员工，当然也有一部分是不合格者。末位淘汰制并非任何企业都适用，适用末位淘汰制的企业必须有其适用的组织环境，比如员工替代性较强

　　需要注意的是，企业基层队伍从事简单劳动的操作服务性工作，很少有高、精、尖技术和攻关项目，选用人机制就应建立在"不求所有，但求所用"的实用性基础上。除了引进少量的专业性较强的高学历人才从事技术和管理外，重要的是配置好大量技术精湛、操作熟练的技能型操作人员。

第四节　构建开放动态的人才生态系统

自然界中的生态系统通常都不是孤立存在的，需要跟其他系统进行能量交换。企业人才生态系统也是如此，需要跟外部供应商、客户和利益相关者形成人才生态系统，拓宽人才眼界。在供应商里，可能有企业需要的人才，还能帮企业发掘人才；在消费者中，也可能存在企业的人才，移动互联网时代的"粉丝"就是编外员工。

只有不断拓宽思路、构建开放动态的人才生态系统，企业才能自我更新、生生不息。在这方面，南京高新区就做得很好。

南京高新区是全国首批、全省首家国家级高新区，致力于高层次人才引进和人才企业服务，其人才互联生态系统为我们树立了一个样板。从它们的做法中，可以学到打造人才生态系统的思路和方法。

一是建立完善人才服务生态系统。

2016 年 6 月 30 日，在南京高新区、园区企业魔尔金创服平台主办的"创业者如何寻找靠谱的合伙人"交流会上，南京方盛生物技术有限公司顺利找到了自己的合伙人。为了满足洽谈的要求，主办方提前一周建立了活动微信群，将供需双方拉到一个网络平台上。

魔尔金创服平台是园区 2016 年上半年新引进的专业的市场化的创业服务机构，由上海、南京沿线 2000 多名沪宁双城会 CEO 成长社群合伙人众筹设立，为创业企业实现服务资源对接。当时，引进的创服机构还有杰盟人力资源，由前南京前程无忧高管创办，主要进行品牌课程培训和户外拓展。

这些专业服务机构举办了多种创业服务活动，包括车惠网融资经历分享、科技型初创企业免费咨询辅导、人才企业手拉手休闲行、中小企业融资技巧分享及路演等，一方面帮助人才企业对接资源、提升能力；另一方面有效宣传了南京高新区，集聚了创新创业资源，完善了园区创新创业生态系统。

二是构建线上微信群服务平台。高新区人才办充分发挥互联网的技术优势，牵头建立了"1+N"的微信群服务平台。

"1"是指政府层面的人才企业服务群，目前已经邀请了数百位各类政府服务人员，包括管委会机关部门、驻区机构、载体单位、经严格筛选的区内专业第三方服务机构等；同时，还从园区选择了300多名优秀人才及企业高管，构建了一个政府与人才企业对接的交流平台，全天候为园区企业答疑解惑。

"N"是指根据人才需求，由人才企业服务群衍生出来的专业微信服务群，目前主要有六大专业服务群：①融资路演群，邀请250多位国内外专业创投机构人员，每天安排一家人才企业进行项目路演，协助人才企业进行融资。②高端人才招聘群，邀请万宝跃华、锐仕方达、猎聘网、粒粒招聘等国内一线猎头机构，及包打听社群、哪合伙平台等人才推荐平台，帮助人才企业招聘高端人才，目前已帮助30多家人才企业进行了对接。③人才企业宣传群，邀请《南京日报》《扬子晚报》等传统媒体及路演秀、玩视频等新媒体人员40多人，协助人才企业做宣传推广。④创业服务群，将数百位国内知名众创空间高管及法律、财务、知识产权等人员聚集在一起，承接人才企业的融资、招聘、市场推广之外的其他服务。⑤教育系统交流群，将北大、清华等国内知名高校及南京本土中小学校的数百名人员聚集在一起，协助区内面向教育系统的人才企业推广市场。⑥博士后工作群，将省市博管办领导、区内博士后工作站设站企业及拟申请设站企业聚集在一起，做博士后工作站日常的政策发布、政策咨询、设站申请及招聘等日常工作。此外，为了满足需要，还建立了项目路演对接、服务活动协同、生物医药人才交流、大数据人才交流、基因测序人才交流、人才资金审核、人才公寓申请等单项工作对接群，根据工作需要实时扩展。

三是线下举办各类人才企业服务活动。

2016 年 5 月底，南京高新区人才协会组织了一场休闲行，主题是"源在分享、乐在途中、赢在路上"，参与者是高新区的企业 CEO 或高管。在 25.12 千米的徽青古道徒步，还有一段是羊肠小道，路面崎岖不平，考验着每个参与者的体力和心理。结果，这次徒步，碰撞出 20 多项合作。此外，南京高新区还以国家级高新区、国家新区、国家自主创新示范区为依托，满足 300 多家人才企业的需求，充分利用各方资源，举办了各类人才企业服务活动。

实践证明，人才生态系统的构架应该包括如下几个方面：人才个体，由人才个体所组成的人才群落，人才生存的组织环境，培养人才的各类组织，以及非生物因素中的政治、科技、经济、文化等因素和这些因素之间的相互作用关系。下面对人才系统要素予以分析。

1. 明确基本概念

人才生态系统的基本概念包括人才个体、人才种群、人才生存环境系统。其具体含义如表 2-5 所示。

表 2-5　人才生态系统的基本概念

概念	含义
人才个体	人才个体是指构成人才生态系统的基本单元，是人才生态系统研究的基本对象，也是发挥系统作用的核心部分。作为人才个体，他具有不同的需求，不同的知识技能特征，在不同时间行为的表现不同，随着环境的变化以及自身的特点会出现才能进化以及退化的现象。人才个体的各类特征直接影响到人才生态系统的功能发挥

概念	含义
人才种群	人才种群是指由各类人才所组成的群体。这个群体可以由相同或相似的人才构成，在一个生态系统中可以存在多种多样的人才种群。根据不同的研究目的，人才种群也可以有不同的分类，如从商、从政、从事学术研究的种群或从事不同学科研究所形成的人才类别。在这个人才种群内以及种群之间都会发生各种相互作用及相互影响的关系，如种群之间的合作与竞争、种群内部的合作与竞争等
人才生存环境系统	人才生存环境系统是指影响人才形成、生存及发挥作用的环境系统，主要包括人才培养机构、人才的投资者、人才的使用者、人才流动的平台，以及其他非生物因素，如政治、经济、文化等。该系统是发挥人才功能的重要保证

2. 建立合适的人才生存链

在自然生态系统中，每个生物个体的生存发展都离不开它的食物链，离不开能量的获取与转换。同样，作为人才系统中的人才也离不开它的食物链，从而形成自己的生存链。

在人才的生存链中，不仅有知识与能力的吸收，还有知识与能力的运用，以及知识与能力的再吸收、再培训、再提高。通过这条生存链，人才才能在系统中获得能量，得到生存；通过知识、技能的转化，人才才能获得新提高。如果在这个链条中无法获得所需的能量，人才可能就会枯萎。但人与自然生态还有一个显著的不同，就是人有主动性，人才可以主动流动，所以人才生态系统的建设者就要多关注人才的生存链，保证人才生存链不断裂。

3. 加强人才个体的建设，提高人才的适应性

人才在生态系统中的生存，不仅与他是否获得"食物"有关，更与他是否具有与外界的适应性有关。这里的适应指的是，为了得到最好的生存和发展，个体生物对所处环境及变化在行为上做出的调整和改进。人才适应性是

在特定环境下人才生存和发展的适合性，也是与其他人才共处的和谐性，有利于人才的可持续发展。

人才的适应性指标有：能否长期待在组织而不被炒鱿鱼，待遇状况良好，如政治、经济、人际关系等方面；知识与能力等能否得到提高；在特定的组织中是否做出了明显的贡献与成果……

在现实生活中，很多人都说自己注重人才，也花费了很多的精力、财力，可结果总是不尽如人意，因为他们多半都忽视了人才与环境的适应性。所以，系统的建设者必须加强人才个体的教育与建设，帮他们提高系统中的自适应与相互适应能力。

4. 正确处理人才种群间的关系

人才生态系统不仅会以人才个体的面目出现，还会通过大量的人才种群发挥作用。

首先，在人才生态系统中，人才种群间总是在发生各种关系。这些关系主要发生在种群内部各成员间及各种群之间，一方面可以帮助各种群的共生，另一方面也可能造成相关种群的灭亡。其中，种群之间的关系主要是不同行业人才间发生的关系，或者人才上下游之间发生的关系，更多地表现为人才的共生现象，是一种合作关系，但也存在捕食现象，导致排挤。比如一线生产人员与管理者之间的关系、直线与辅助人员的关系、人才上下游之间的关系、不同产品线人员之间的关系等，这些种群之间更多地表现为协作、共生关系，体现为知识与技能的互补，能够有效促进种群之间的共同发展。多物种的共生也让生态保持了平衡。但是，种群之间并不是总能表现为合作，一旦需要相同的稀缺资源，群体也会出现竞争与捕食现象。

其次，种群内的关系表现为同行间的竞争关系，起源于资源的争夺，既有淘汰性竞争，也有共立性竞争，表现为群聚现象。群聚，不仅会受到相同资源的吸引，还能赢得更大的存活概率。通过合作，可以学习得更快，进化得更快，所以人们一般都愿意去人才荟萃的地方，而人才稀缺的地方，即使薪资高，也无法引进人才。当然，为了生存或追求某种目的，种群内个体也存在很多生存冲突。在稀缺性共生领域中，不同个体的生存水平是不同的，越具有竞争意识与竞争能力，越容易在竞争中获得更多的资源，人才发展也越茁壮。所以，系统建设者还要关注人才系统中种群内部与种群之间的关系，帮助种群内与种群间建立起良好的合作关系，形成一种种群的共赢局面。

5. 构建良好的人才生态环境

之所以会发生南橘北枳的现象，是因为生存环境发生了变化。同样，人才引进与使用中的环境不适也会导致这种情况的发生。不过，由于人才具有主观能动性，可以避免离开。

在人才生存的生态环境中，组织的人才制度、组织内种群关系、组织本身容纳人才成长的空间、组织业务的特征与人才特征的相容性、人才流动平台的合理性等，对人才功能的正常发挥都会产生重要影响。

如果环境与人才相容，人才就能健康发展，环境就会稳定协调；组织内部人心浮动、人才流动，组织效率就会急剧下滑，生态也会遭到破坏。但是，生态系统的稳定性并不是绝对的。一旦出现一个外在诱因或内在某一成分发生变化，就会引发生态系统的大变动，表现为人才流动、人才积极性发生变化、人才出成果难度增加等。所以，生态系统的管理者不仅要对系统变化提前做好思想准备，还要保证生态环境适宜所需人才的成长。

通过上述五个步骤，区域或组织才能建立起能够发挥整体功能的人才生态系统，每一个分步骤都不可或缺。

第五节　去中心化：重构人才生态

现代社会，很多组织采用的都是树状结构，无法激发出个人的能力。在法国哲学家吉尔·德勒兹和菲利克斯·加塔利合著的《千高原》一书中提出了"块茎"的概念：树的地下根茎部分会肆意生长，没有中心，没有高低，彼此连接。由此可知，未来的组织必然也是去中心化的，应该让每个人将自己的聪明才智都发挥出来，让人的欲望具有革命性和生产力。

这里，并不是说企业不再需要统一的使命、愿景、价值观和战略，而是要在这样的框架下，做到统一中有个性，聚合中有松散，执行中有创新。移动互联网的出现，为激发每个人的能量创造了条件，一旦移动互联网渗入传统企业，企业定然会由树状结构走向"块茎"结构，更加有利于人才生态链的重新构造。

1. 如何让团队成员发挥作用

"去中心化"的人才生态注重能够让团队中的每个成员发挥作用。

"平台化企业"是海尔的一项管理创新，其中最重要的是人才资源。海尔平台是快速配置资源的框架，形成了一个生态圈：全球资源运筹，全球资源为我所用，全球就是我的人力资源部，倒逼人力资源管理去中心化——让消费者需求成为信号弹，促使员工提升素质，努力开发市场，做 CEO 做的事。

在这里，每个人都是中心，人人都是 CEO，没有中心，没有领导，管理者是资源提供者；通过以用户为中心的"人单合一双赢模式"，将员工与用户资源连在一起，员工是客户，客户是员工，员工跟客户之间的界限模糊，员工与客户共同为企业创造价值，孵化出众多自主经营体。

在海尔的"平台化企业"中，员工通过自主经营、自我驱动，可以自己创业，企业即人，人即企业。

除了学习海尔等企业的成功做法，下面给出几个措施以便参考，如表2-6所示。

表2-6　让团队成员发挥作用的措施

措施	操作指导
性格及能力测试	现在有很多的测试软件能对一个人进行综合的评判，虽然不是百分百准确，但是八九不离十可以看出一个人有什么优点、缺点，在哪一方面更能发挥更大的作用。所以企业先要对全体成员做测试，这样才能知道每个人的优势、劣势，才能让他们发挥作用。按照每个人的测试结果安排到合适的岗位，并且在前三个月进行轮岗。到了自己擅长的领域还要看看这个人在其他领域怎么样，一是看看他的潜能，二是看看现在的岗位是不是最好的、最能发挥作用的
提供发挥的空间	用宽容的态度和积极的心态给予工或是带头人发挥的空间。看起来这一点很简单，实际上能够真正落实的并不多，企业一般都会干预员工的工作，都会按照自己的行为习惯去要求员工，其实有时候可能扼杀了员工的积极性和主动性
下放一定的权限	下放一定的管理权限和业务权限给团队成员。权力是每个人都向往的，但是有多大的权力就有多大的责任，要发挥每个人的作用还要下放一定的权限给团队成员，让每个人都知道自己有权，但是也有相应的责任与义务
配以绩效考核制度	以上措施都进行还不够，还要配合严厉的绩效考核制度，当然还要有一个监督管理者，不管是从整体利益考虑还是从团队成员个人利益考虑，有奖有罚才能树立起威信，也能让大家有据可查，发挥作用的前提是符合公司利益、符合团队利益，也不妨碍个人利益和价值

值得注意的是，发挥每个人的作用是一件难事，有时候不要过于追求完美。因材制宜的道理在用人上也同样管用。

2. 发挥个人能力，需要扬长避短

为了充分发挥组织中的个人能力，就要重视人才的扬长避短之策。

一位人力资源专家曾说："发现并运用一个人的优点，你只能得 60 分；想得 100 分，就要容忍一个人的缺点，发现并合理利用这些缺点和不足。"这话既有新意，又富有哲理。在不同的情景和条件下，长与短都会向自己的对立面转化，长可以变短，短可以变长。长与短互换的规律，在辩证关系中最容易被人忽视。

团队成员中，有人性格倔强、固执己见，但他很有主见，不会随波逐流；有人办事缓慢，不容易出活，但他办事有条有理、踏实细致；有人不合群，我行我素，但有很多发明创造，硕果累累……优秀的管理者都会短中见长，善用其短。

有家公司对员工进行了综合测评，不仅根据各人的专长与优点进行了分工，还按照各人缺点来编排岗位，想方设法用人之"短"，人尽其才。比如：让喜欢吹毛求疵的人去当产品质量管理员；让谨小慎微的人去当安全生产监督员；让喜欢斤斤计较的人进行财务管理；让喜欢传播小道消息的人去当信息员；让性情急躁、争强好胜的人当青年突击队长……结果，大家各司其职，各尽其力，公司效益实现了成倍增长。

事实说明，用人的关键并不在于用这个人而不用那个人，而在于将组织中的每个成员都放到最适当的位置，发挥最大的潜能。

第**三**章

人才生态链下的人力资源管理手段和方法

　　人才生态链中各个要素之间的有机联系和复杂关系，对现代企业的人力资源管理的手段和方法提出新的要求。针对人力资源管理对人才生态链的影响，本章从企业人力资源的获取、保留、发展这三个角度进行阐述，包括人员招聘与配置方面的创新引进人才，绩效管理、薪酬管理及培训和开发等方面的经营人才、留住人才。这些机制和措施，将加快企业的人才资源向人力资本的转变。

第一节 人员招聘与配置：企业建立良好 人才生态系统的前提和逻辑起点

人才集聚是人才生态链形成与发展的基础，人才集聚产生的集聚引力，是企业人才生态链形成的必要条件。企业人才集聚不是社会上不同人才的简单集合，也不是企业各职位的简单罗列，而是以专业化分工与社会化协作为基础，各种人才种群在企业当中共生互补的生态化过程。因此，企业建立良好人才生态系统的前提和逻辑起点是企业人才的招聘与配置。

1. 制订招聘计划

根据企业中长期的人才生态系统战略发展规划所需的人才资源缺口来制订人力资源招聘计划是基础。企业就是要招聘到能弥补人才缺口和随组织发展的专业人才。确定了组织的人才资源缺口，企业进行招聘和人才配置工作时就非常有针对性和目的性。

进行人才招聘的时候，首先要考虑的原则是"能岗匹配"。"能岗匹配"共包括两方面的含义：①某人完全能胜任该岗位的要求，即所谓人得其职；②岗位要求的能力这个人完全能达到，即所谓职得其人。遵守这一黄金法则，就可以招聘到合适的、理想的人才，而不是最优秀的人才。

能岗匹配是录用人才的一个黄金法则，但现实中有些企业并没有遵循这一原则，导致招聘成本的增加，给企业带来了损失。

H 公司是一家生产型企业，由私人投资兴办。公司经过八年多时间的发展，业务量日益增长，市场逐渐扩大，在市场上逐步站稳了脚跟。前段时间，公司添加了新产品的制造业务，增设了相应岗位，人力资源部李经理向公司提出了招聘的要求，这一建议得到公司的支持。

为了给公司新产品的生产制造注入新活力，人力资源部抽取了几名工作人员，连同重要部门的主管，组成了一个招聘小组，开始人员招聘。李经理认为，公司要想获得持久的竞争优势并长久发展，必须招聘知识层次较高、工作经验丰富、能力素质卓越的人才。

招聘后，新员工试用的效果并不尽如人意。新招聘的员工具有良好的专业背景，并且拥有相关工作经验，他们的能力要求超过了这些岗位对员工的技能要求，因此许多人认为工作没有挑战性，工作成就感很难获得，于是提出了辞职的要求。李经理认为应该好好再认真思考一下这些问题了。

这个案例是一个比较典型的因员工"能岗不匹配"产生的问题。新增一些新产品的制造岗位时，人力资源部门的工作人员应及时根据实际岗位的工作职责、任务目标、岗位规范及能力要求等制定符合实际情况的工作说明书；明确新增设岗位的岗位说明和岗位规范，这些岗位与其他部门、岗位的关系如何，究竟要完成哪些职责，其权限大小，岗位对任职者的能力要求、知识要求等；然后再在此基础上进行人员的招聘才是比较恰当的。

"能岗匹配"通常有以下四种情况：①员工能力与岗位要求一致，可能会留住人才；②员工能力大于岗位要求，人才流失的可能性最大；③员工能力小于岗位要求，被动离岗的可能性最大；④员工能力略低于岗位要求，经过培训，人才保留的可能性最大。案例中，新招聘员工正好遇到的是第②种情况。在工作过程中，员工心生不满，工作效率降低，造成资源的浪费，既无法很好地完成组织目标，又影响了其职业发展。

由此可见，员工离职不一定缘于对待遇的不满，还可能是对从事的工作岗位不满意。因此，只有根据具体情况，实事求是地进行岗位分析，才能获取合适的人才、留住人才。

2. 招聘注意事项

制订招聘计划，一般要做好五个部分的工作：一是收集招聘需求信息；二是做好招聘需求分析；三是注意相关的招聘策略；四是做好招聘流程安排；五是做好招聘成本预算。而企业基于人才生态系统的招聘则有以下几个需要注意的事项，如表 3-1 所示。

表 3-1　人才生态链框架下招聘的注意事项

事项	含义
岗位定位	对招聘岗位有清晰的定位，对招聘岗位要有岗位责任书。它除了要详细地说明该岗位的组织地位、工作任务和职责，还要对岗位人员的知识结构和深度做详细的说明
情商考察	在招聘的过程中，人力资源部除了要运用科学、客观的评测方式，了解应聘者的知识结构、技能水平外，还要结合岗位特点，对应聘人员的态度等情商有所考察
引进精英	要特别注重对精英人才的引进。人才群体发展演化总是以核心人才为种核，显示出强烈的人才种核效应。一个或几个业内中的殿堂级人物，往往会对同行业的其他人才产生强大的向心力、影响力和凝聚力，成为人才群体发展的生长基点和凝聚核心，带动上下游人才向他靠拢，大大提高所在企业对人才的吸引、吸纳能力，并通过人才的扩张与发展，形成更大范围、规模、影响的人才布局，形成更加强大的"人才生态链"和"人才生态圈"。因此，高素质的精英核心人才队伍往往能够对企业内、外部优秀人才形成持久的吸引力和辐射力，它的构建对企业人才生态链和人才布局至关重要

第二节　绩效管理：考核评价竞争与协作，
促进各人才种群的建立和竞争

之所以要进行绩效考核，主要是为了促进企业内各人才种群间的竞争与协作，因此考核过程就不能单纯地考虑个人竞争或个人工作实绩，还要考虑个人所在的团队的工作绩效，要将协作和部门的工作绩效纳入整个绩效管理的考核中，以团队绩效带动个人工作绩效，使个人与团体形成一个利益共同体，促进内部各人才种群的建立和相互竞争。

人才生态链是一个有机整体，而企业内部的人才种群间的竞争与协作是企业人才生态链的生态动因。那么，我们如何理解竞争与协作呢？

1. 竞争的四个层次

竞争的结果是由竞争的层次直接决定的。人和人的竞争、企业和企业的竞争面临四个层次：

（1）体能。体能是基础能力，例如你每天有效工作 10 小时，你每年有300 个工作日，说明你在体能上能够用于输入和产出的有效绝对值远超普通人。300 个有效工作日是什么概念？相当于普通人工作 2 年。功夫深不深就看投入的积累够不够，体能是一切的基础。

（2）体能+知识技能。体能上面的层次是知识和技能，体能是一种有限的资源，是实打实的基础，而知识和技能决定你的基本面，也就是个人如何选择判断以及是否掌握所需要的知识。

在 Excel 操作过程中，体能就是基础的数据输入工作，如果需要把一张已经输入信息的 Excel 表复制到另外一张或按照某个方法算出结果，纯体力的复制粘贴也就成了低级别的基本操作，而知识丰富的人可能会使用某个公式或程序。基础数据量大、运算相对复杂、可重复性强时，知识和技能的优势就会越明显；当数据量和运算超过 Excel 范围时，掌握知识技能认知的人就能找到合适的方法去处理。

当然，知识和技能是无法单独存在的，就像数据的基础输入，离开了基础数据输入这一环，后面的操作也就无从谈起，招式再美，没有内功，也是花拳绣腿。

（3）（体能+知识技能）×资源。资源可以理解为更大范围的深度的协作，可能是人才、人脉、资金、合作或者特权等。

过去"湾仔码头水饺"只是一个小摊位，但因为口味好，深受人们喜欢。可是，即使摊主累死，"湾仔码头水饺"的产量和营业额也不会太高。摊主既掌握着制作美味水饺的知识和技能，也拥有个人的体能。但是个人资源毕竟有限，无法进一步放大上述知识和技能的效果。之后，美国通用模仿食品公司（即哈根达斯所属公司）购买了其品牌和配方，开设了工厂，实现了产品的工业化生产，使得该品牌在国内速冻食品市场位居前三。

（4）［（体能+知识技能）×资源］趋势①。趋势这件事可遇不可求，顺应时代变化抓到市场的风口，只是属于少数人的能力和机会。什么人能最终抓住这些机会？光有体能不行，光有知识和技能也不行，光有资源也不行，这里就需要更高的认知和判断力。

滴滴公司就占据了以上四个层次。在中国市场，Uber 的体能比滴滴强，知识技能超过滴滴，但是中国地区的资源能力跟滴滴却不在一个档次。这里，我们可以设定 10 为强，0 为弱，体能最低值是 1，把所有层次指标量化。体能强、知识技能强、资源弱的人，竞争结果可能是（9+9）×1=18；体能弱、知识技能弱、资源强的人，竞争结果可能是（1+1）×9=18；体能一般、知识技能一般、资源一般的人，竞争结果可能是（5+5）×5=50。具体到滴滴和 Uber，如果 Uber 是（8+9）×2=34，滴滴就是（8+6）×4=56。再加上趋势风口的平方结果，Uber 为 1156，滴滴为 3136，所以 Uber 被滴滴收购其实是一个正确的经济选择。

滴滴和 Uber 的数字都是假设，只是为了给大家一个直观的感受，但也从

---

① 趋势起到平方的作用。

某方面反映出，所谓的竞争其实是多个层次上的竞争。有些学生时代特别牛的学霸，长大后反而混得不怎么样，就是因为他们可能停留在第三、第四层次的竞争中；有些学生时代不优秀的人，进入社会后反而会混得很好，就是因为他们有第二层次的竞争力。

即使个人体能再好、知识技能再强，离开了资源的协助，也无法获得长远发展。反过来讲，有的人拥有资源，但个体能力和知识技能太弱，资源也就无法得到发挥。仅认识到趋势，既没有体能和知识技能，又没有资源，也就只能望洋兴叹了。一定要记住：层次维度的缺失，在竞争开始前就已经决定了结果。

2. 多层次的协作

如果竞争分为四个层次，那么协作就不仅是一种同层次的协作，也可以是跨层次协作。资源的"1+1"和知识技能的"1+1"，各层次上的一点增加都可能让整体效果发生彻底改变。也就是说，只要是增量的协作，都会放大最后的效果；体能和知识技术强，资源也强，合作的效果就更明显了。

某公司创始人在寻找合作伙伴的时候，非常重视人才组合后产生的互补效果。他认为，互补组合有利于取长补短，能够看到团队的盲点，便于发挥多层次的优势。公司成员由"70后""80后""90后"组成，团队协作多维度，在公司发展过程中显现出了独特的优势："70后"阅历丰富、沉稳、资源较多；"80后"在体能和知识技能方面积累丰富，不会过时，不会浮于表面；"90后"对时代的敏感度更高、冲劲更足。

其实，个人的竞争要在四个层次维度上展开，个人的协作也同时能在四个层次和维度上进行。因此，为了促进人才生态链保持好的生态环境质量，企业有必要定期从竞争与协作两个角度对员工的知识、技能和劳动成果进行考核评价，比如利用梯度工资确定和鼓励员工的竞争，或者通过对员工的学习、分享、创新行为等进行评价来鼓励刺激员工。

第三节 薪酬管理：采取基于人才价值的薪酬制度

人才生态链理论提出，在理性人假设的前提下，利益是各人才种群参与人才生态链的动力基础，这是基于人才种群在人才生态链上所获得的收益大于参与之前和参与人才生态链的人才种群较之其他未参与的同类人才种群能获取更多的收益。因此，薪酬福利与管理必须为企业所用，以建设良好的企业人才生态系统。

1. 薪酬系统的功能与原则

美国纽约州立大学布法罗分校教授杰里·M.纽曼和美国康奈尔大学教授乔治·T.米尔科维奇在其合著的《薪酬管理》一书中，提出了薪酬系统的三大功能——吸引人才、留住人才和激励人才，并提出了建立薪酬系统应遵循的原则——外部竞争性、内部公平性和激励性。

他们认为，设计薪酬体系时企业要从人才生态链构建的战略角度进行分析。薪酬不仅是一种制度，更是一种机制，设计合理的薪酬制度可以推动有利于人才生态链构建的因素不断成长和提高，还能使不利因素得到有效抑制和消灭。因此，企业在构建人才生态链时，可以采取基于人才价值（知识、技能、经验和劳动成果）的薪酬制度。

当然，建立以人才价值为纽带形成的具有工作衔接关系的人才梯队，强调员工知识、技能、经验和劳动成果是员工竞争力和企业竞争力的基础，也是采用这种报酬制度的根本原因。采用这种薪酬制度，可以有效促进员工的竞争，激发员工学习知识、技能的热情，促进知识的传递和分享、组织协作的开展，有利于企业人才种群的形成。

2. 让薪酬制度体现人才价值

哲学中对于价值的定义是："主体和客体之间一种特定的关系，即客体以自身属性满足主体需要和主体需要被客体满足的效益关系。"[①] 由此可以看出，价值体现的是主体与客体之间的一种效益关系，只有在客体以自身属性满足主体需要或主体需要被客体满足的情况下，这个价值才成立，才有意义，否则主客体之间的价值关系是不存在的。为了更好地发挥薪酬制度的激励作用，吸引和留住优秀人才，企业内部的人力资源管理体系还要进一步优化，构建科学合理的薪酬激励体系，让薪酬制度体现人才价值，提高薪酬竞争力。

B 公司原本是一家装修装饰公司，后来发展成美国某品牌家具在中国西北地区集生产、销售、售后为一体的独家代理商，同时公司还承接室内外装饰装修工程、园林绿化工程的设计、施工等。

为了激发员工的积极性，公司进行了一次薪酬满意度现状调查，调查结果显示：80%的员工对薪酬状况不满意。其中，生产车间工人占到70%左右，销售人员占30%左右。领导层意识到问题的严重性，请专业机构一起分析，最后发现了问题：一是薪酬制度不健全，没有切实明确的薪酬制度；二是薪酬构成不合理，以岗定酬有吃"大锅饭"的嫌疑，缺乏激励机制；三是缺乏内部公平性，缺乏明确价值导向和业务成果导向；四是工资分配没有与劳动力市场价格接轨，员工收入与劳动力价值脱节。

公司领导层与专业机构认真研究，最后做出如下决定：第一，为员工提供有竞争力的薪酬，使他们珍惜工作，竭尽全力，把能力都使出来；第二，

---

① 李秀林等. 辩证唯物主义和历史唯物主义原理（第4版）[M]. 北京：中国人民大学出版社，1995：360.

对于知识型员工，通过工作制度、员工影响力、人力资本流动政策来确定报酬，让员工在工作中得到最大的满足；第三，建立评估制度，以员工能力为基础确定薪水，工资标准划分出不同级别……通过薪酬制度改革，员工工作更有干劲，业务得到不断拓展，公司面貌焕然一新。

让薪酬制度体现人才价值是企业实施薪酬管理的核心内容。从实践来看，在更为普遍的情况中，薪酬制度体现人才价值需满足以下六条标准：

第一，人才能够准确知道其作用和公司的期待；

第二，人才有完成预期结果所需要的能力、权力、信息和资源；

第三，人才知道"优秀人才"的标准，释放更高绩效的关键因素就是积极性和意愿；

第四，企业制定薪酬制度要将奖金与"良好"的行为和结果适度联系在一起；

第五，企业运用公正和准确的系统，衡量结果和评估绩效；

第六，人才就绩效是否偏离理想标准及以何种方式偏离，可以频繁地获得有建设性的反馈意见。

企业要想长期保持使命感并高效管理，就要认真思考薪酬制度，既不能让人才在奋斗的时候三心二意，也不能让奋斗者吃亏。看看公司现在的薪酬制度有哪些问题，将问题改掉，公司就会有新的变化。

第四节　培训和开发：有效调整和优化人才结构的有效措施

企业培训和开发是人才生物链中有效调整和优化人才结构的有效措施。

首先，人才生态系统是动态的、时刻变化的，关注的是企业中人与人、人与环境的结合，要使员工适应这些动态变化，就要对员工进行长期有序的培训和人力资源开发；其次，在人才生态链中，种群的自我完善与发展也是人才生态链形成的动力基础之一，通过培训和人力资源开发可以实现各层次人才知识、能力、经验、教训和劳动成果的传递。

因此，企业培训既要培训相关的知识技能和意识，也要采用合适的培训方式。要定期提供相应的培训方式，比如在职培训、师徒学制的建立、实行岗位轮换制等，从学习培训角度来影响人才生态链的构建和运行。

1. 人才结构及其优化

人才结构是指构成人才整体的各个要素之间的组合联系方式，包括要素的数量、配置以及在整体中的地位等。人才整体既可指人才个体，即由个体内部各个要素的联系组合而成的整体；也可指人才群体，即由许多人才个体联系组合而成的整体。

现实中，由于企业人才结构存在专业结构不合理，人才年龄结构、层次结构不合理，高级技工在技工中的比例偏低等问题，因此需要对人才结构进行优化。人才结构优化是指从组织的战略发展目标与任务出发，认识和把握人才群体结构的变化规律，建立一个较为理想的人才群体结构，更好地发挥人才群体的作用，使人才群体内各种有关因素形成最佳组合。

英联（化名）国际英语培训中心成立于 2003 年，刚成立便联合 ELLTS 教育集团和德国 DP 教育集团，将英语教学软件和服务系统引入中国。之后，针对中国学员的学习特点提出了"多元学习法"的理念，在实际教学中取得了不错的效果。其在北京、上海、深圳、苏州、青岛等地设有十多处分校，有 60 多名全职教职员工、40 多名外聘教师和 600 多名学员，经过多年的努力和发展，已经发展成国内首屈一指的高端英语培训机构。

　　英联培训中心的经营模式是加盟，采用直线职能型组织结构，分校实行校长负责制，下面设立四个主要职能部门：教学部、网络部、市场部和支持部。其中，教学部主要负责教学计划的制定、课程的开发、课堂教学和课外活动的组织；网络部主要负责线上招生、咨询、企业宣传；市场部主要负责线下的招生、咨询和宣传等；支持部则囊括了人事、财务、后勤、客户、办公室等行政部门的职能。

　　英联培训中心在发展过程中，教师流失率比较高，在招聘新员工方面花费了大量的时间和精力；同时，教师的工作积极性也不高。为了解决这些问题，管理者邀请某人力资源机构的专家顾问，进行人力资源管理系统诊断，为他们提出针对性的改进建议。

　　顾问专家经过了解发现，该培训中心在教师管理方面存在以下几个问题：一是教师稳定性差，流动性大；二是教师的数量尤其是优秀教师的数量无法满足进一步提高教学质量的要求；三是教师的工作压力较大，积极性不高。

　　针对上述问题，顾问专家团队提出了以下几点建议：①开发当地各大高校的英语老师资源，引进优秀人才；大力开发高校英语教师资源，作为英语培训机构的兼职教师；在外籍教师的招聘方面，严格资格审查尤其是教学经验的审核，提高教学质量；尽可能缓解员工年龄结构、性别结构等的不平衡现象。②重视员工培养和员工职业生涯规划，可以组织行政人员参加业务培训、教研活动，并鼓励行政人员参与授课，让行政老师向专业教师转变。③建立科学合理的薪酬激励机制，适当提高员工的薪酬待遇，为了有效控制成本，可以进行外部同行业薪酬调查，结合内部实际情况，确定一个比较合理的薪酬水平。

　　现实中的培训机构往往集中了大量的知识型人才，其参与行业竞争的本质也是人才的竞争。因此，人力资源管理水平的高低已经成为培训机构能否持久发展的关键所在。案例中顾问专家团队给培训中心的建议，不仅有效制止了教师流失，提高了教师的工作积极性，而且优化了培训中心的人才结构，提升了培训中心的人力资源管理水平。

2. 培训和开发人才的措施

优化人才结构，加快人才培养是重中之重，具体可以采取以下措施，如表 3-2 所示。

表 3-2 培训和开发人才的措施

措施	实施指导
用伯乐的眼光识别出千里马	选拔人才要善于取优汰劣：一要善于识别剔除表里不一、华而不实的"朽才"；二要善于识别剔除品质恶劣、有才无德、投机钻营的"鬼才"；三要善于识别剔除乔装打扮、逢迎拍马、心术不正的"怪才"；四要善于识别剔除趋炎附势、只有说功而无做功、以权谋私的"庸才"。总之，要从人的本质上识别真正的有用人才。当然，对人才也不能求全责备，而要看根正苗壮能培养成才方可使用
为人才脱颖而出创造条件	小树成材需土壤、阳光、水分、肥料及时间，人要成才需知识灌输、道德情操培养、能力锻炼、实践中丰富经验及艰难曲折的考验。人才的培养要在德与才两方面同时并举。在"德"方面，要教育培养人才忠于公司、无私奉献的精神和艰苦创业的斗志；在"才"方面，要丰富人才的智慧，并在实践中锻炼人的才干，提高人才处理各种纷繁复杂事务的能力，同时增加这方面的经验
发挥专业人才群体的优势	公司作为一部正常运转的机器，需要各种各样的零部件方能组成。这个比喻说明，在市场经济大潮中，企业要生存、发展，必须培养使用各种各样的管理人才、技术人才、财务人才、测量试验人才等具有一定专业素质的人才，如此才能保证企业"这部机器"正常运转，经得起风浪考验。实践表明，金无足赤、人无全才。那么，全才就要靠各种专业人才群体的优势互补
用搭配的方式使用人才	人才使用要注重人才年龄结构、专业技能结构的搭配，方能保证企业管理后继有人。当今科学技术的发展、文化教育水平的提高、市场的广阔及融资渠道的多元化为年轻人在企业界一展身手提供了更为有利的条件。因此，企业人才结构要中、青搭配，专业技能结构要管理型、技能型、开拓型搭配，方能使企业立于不败之地

续表

措施	实施指导
培养高素质、高技术人才	树立人才资源是第一资源的观念，把促进发展作为人才工作的出发点，把促进人才健康成长和充分发挥人才作用放在首要位置，着力提高包括项目管理人才在内的人才自身的思想道德素质和科学文化素质，充分发挥人才的主观能动性和创造精神
建立健全人才培训工作机制	要坚持把人才培训摆在企业优先发展的战略地位来考虑。组织、人事等有关部门要建立健全人才协调管理和培训计划，采取多种手段和方式更多地培训各类急需的人才，尤其是对企业经营管理人才、专业技术人才和技能人才要加强发现、培养、使用和吸引的力度。采取"请进来，走出去"的办法及聘请专家和有关技术人员对员工进行培训，开办培训班，有针对性地授课，另外要对重点人员给予适当的待遇以及其他方面的规定和办法，防止人才流失
做好优秀人才的培养工作	做好人才的培养，首先要明白知识经济的特征是以人为本，要树立以人为本的管理观念。在企业管理过程中，要以人为出发点和中心，围绕着激发和调动人的主动性、积极性、创造性展开工作，以实现人与企业共同发展的一系列管理活动。其中最为突出的一点是，以人为本的管理要以人的全面发展为核心

　　培养更多优秀人才，不是企业为实现某个项目管理而采取的权宜之计，而是一个需要持久建设的具有战略意义的大项目，所以要把培养人才放到战略高度上来对待，不但要做好近期人才的培养工作，也要做好长期的人才储备工作。只有全面优化人才结构，才能为公司健康、稳定、持续地发展创造更大的人才竞争优势。

第四章

互联网时代企业人性化人力资源管理

　　人性化理念在企业人力资源管理中的渗透、确立，强化了其在人力资源管理中的重要性，也明确要求企业优化人力资源管理模式的必要性。现代企业人力资源管理践行"人性化"理念，关键在于明确人性化理念在企业发展中的重要性，理清人力资源管理的规范化与人性化的关系，明确人力资源管理如何采取规范化与人性化相结合的策略，切实做到关注员工切实需求，构建企业与员工"命运共同体"，优化与调整员工管理方式，选择适合自己企业的人力资源管理模式并运用员工管理技巧。

第一节 认识人性化理念在企业发展中的重要性

进入 21 世纪以来，经济全球化的发展，使企业竞争空前激烈。而现代企业的竞争已从单纯的产品竞争转变成为企业人才的竞争，如何成功地培养人才、吸引人才、留住人才，已成为摆在企业管理者面前的一个重要课题。人性化管理以其对企业员工的人文关怀等特点迅速成为众企业的管理选择。

1. 人性化管理的概念与内涵

人性化管理就是科学的人性观基础上的"以人为中心"的管理，即在管理的过程中，把人看作企业最为重要的资源，重视人的地位，充分发挥人的作用。它反映了现代管理的新趋势，显示了企业管理文化发展的新态势，揭开了企业管理理论和实践的新纪元。

人性化管理的核心是以人为本，即尊重员工，给他们发挥才智的舞台。具体来说，人性管理的内涵主要有以下几点，如表 4-1 所示。

表 4-1 人性化管理的内涵

事项	含义
把人的因素当作管理中的首要因素、本质因素和核心因素	人性化管理的着眼点是人，它将资源中的人回归到了真正的"人"这个实实在在、有血有肉、有情绪、有思想的生物有机体，而不单纯是劳作的机器、盈利的工具。引用人际关系的一句老话："你雇佣的不是一个人的'人'，而是'整个人'。"人性化管理见人又见物，以人为中心；而其他类型的管理方式是以物为中心，见物少见人，甚至是见物不见人

续表

事项	含义
确定了人在管理过程中的主导地位	企业是人的集合，不是物的堆积，是由人以盈利为目的而构筑的经济组织。企业的盈利目的要通过对人的管理发挥其积极性，进而优化物质资源的配置才能达到。企业管理必须调动"企业人"在物质资源的配置和盈利过程中的主动性、积极性和创造性去开展企业的一切管理活动
体现了员工是企业管理主客体的统一	员工既是被管理的客体，也是应当受尊敬的主体。企业所要实现的目标，既是企业的也是员工个人的目标。员工在追求组织目标的同时也充分发展了自己，组织目标达成之日就是个人目标实现之时
突破了"使用"层面上重视人的局限	社会赖以持续发展的基础是人类的进化，而人类的进化包括人的智力的进化和运用资源的能力等素质的提高。通过人性化管理完善人的意志和品格，提高人的智力，增强人的体力，使人获得超越生存需要的更为全面的自由发展。这种"以人为目的"的管理才是人性化管理应有的哲学境界。这种至高境界在于创造一种促进人不断学习、积极发展的组织氛围和共同愿景，从而有利于人的全面发展

2. 实施人性化管理的必要性和重要性

企业之所以要实施人性化管理，主要是为了加强对个体的重视。《中国青年报》社会调查中心曾做过一项调查——"青年人为什么想换工作"，结果表明：青年人选择企业时最重视的不是收入、房子、福利，而是自己能否在企业得到充分发展；青年人之所以要跳槽，27%是因为"得不到重用"，不想换工作主要是因为"受重视，有发展机会"，他们很重视人格尊严，想确认自己在社会中的地位。由此可见，如果一份工作收入很高，但伤害人格，人们也不愿做；有些工作虽然收入低，但能得到信任、重视，有机会施展才华，他们往往更愿意做。

员工都希望管理者能将他们当作个体来进行管理，承认并尊重他们的价值和尊严，使他们觉得自己在企业中或领导心目中都是重要的；希望管理者关注他们的物质和精神需要，关心他们的处境和困难。因此，只有让员工体会到管理者的人情味儿，才能将他们的个人潜能激发出来，企业才能多一些生机和活力。

从"个体"心态出发进行管理与集体主义精神是不是背道而驰？不！从管理角度来看，"个人"利益确实是一切利益的根本。可是，"集体主义"是一个相对概念，必须放到具体条件下才能具备实际意义。

上海××饭店提出这样的口号："在外国人面前我们是中国人，在中国人面前我们是上海人，在上海人面前我们是××人，在××人面前我是我自己。"

××饭店用这样的理念教育员工：在不同环境、不同对象面前，要清醒地意识到自己的位置和身份，认识到自己所代表的"集体"，要自觉维护自己所代表的"集体"的利益和尊严。此口号的最后一句"在××人面前我是我自己"，说明企业非常重视个体的存在，员工也能感受到"自己（个体）"的重要性。由此可见，承认员工的需求、尊重员工的价值和尊严，并不违背集体精神，反而是集体主义精神形成的前提。

那么，在企业发展中如何运用和贯彻人性化理念呢？

首先，要以人性化管理理念为导向，深化企业人力资源开发管理。如今的市场环境是多元化的，企业要立足人力资源的科学开发，创造可持续发展的动力。企业人力资源开发的基点在于，确立人性化管理理念，提高员工综合素质；要突出"人"的主体地位，员工是企业发展的主体，是企业价值创造的推动者；尊重"人本位"的基本原则，以员工的切实利益为出发点和落脚点，创造多样化的发展渠道；开辟员工职业教育途径，建立员工岗位竞争机制，让员工与企业建立命运共同体，互利共赢。

其次，要以人性化理念为发展契机，优化企业内控管理的内部环境。人力资源管理是企业内控管理的重要内容，企业要牢牢抓住"人"在企业发展中的重要作用。要在企业文化内涵、内部环境中渗透人性化理念，引导员工的思想行为；要关心员工、爱护员工和尊重员工，为企业文化注入新鲜血液；优化和调整企业内部环境，扎实企业发展基础。

相信，在人性化理念的确定下，企业人力资源管理的思想导向必然会更明确，更注重人才培养、人力资源开发。

3. 人性化管理的作用和意义

现实中许多企业的成功，很大程度上都是人性化管理的成功。沃尔玛的成功有很多理由，其管理的人性化是成功的助推力。

沃尔玛的人性化管理主要体现在以下几个方面：

第一，在理念和行动上，倡导"客户第一、员工第二、领导第三"。

沃尔玛虽然是全球最大的私人雇主，但并未将员工当作"雇员"，而是看作"合伙人"和"同事"。领导、员工和顾客之间的关系是倒金字塔式的，顾客处于首位，员工位居中间，领导则处于最底端。他们认为，"接触顾客的是一线员工，而不是坐在办公室里的官僚"，员工直接与顾客接触，工作质量异常重要；领导主要是为员工提供指导、关心和支援，让员工更好地为顾客服务；员工和总裁佩戴的工牌都会注明"我们的同事创造非凡"，下属能直接叫上司的名字，上下平等，随意亲切。

为了维护员工利益，沃尔玛制定了详尽的实施方案。其将"员工是合伙人"这一概念具体化为三个互补的计划：利润分享计划、员工购股计划和损耗奖励计划。1971 年，沃尔玛开始实施第一个计划，每个在沃尔玛公司工作一年以上及每年至少工作 1000 小时的员工都能分享公司利润；运用一个与利润增长相关的公式，把够资格的员工工资按一定比例放入该计划，离开公司时，员工可以取走相应份额的现金或股票。此外，沃尔玛还鼓励员工通过工资扣除的方式，以低于市值 15% 的价格购买股票。如今，超过 80% 的员工已经借助这两个计划拥有了公司股票。另外，沃尔玛还奖励有效控制损耗的分店，使自己的损耗率降到零售业平均水平的一半。

第二，实行门户开放，让员工参与管理。

所谓门户开放，是指不管在任何时间、地点，员工都能以口头或书面形式跟管理者乃至总裁进行沟通，提出建议，还可以投诉受到的不公平待遇，不必担心受到报复。如果上司就是问题的源头或员工对回答不满意，还可以向任何级别的管理层汇报。员工可以尽情表达自己的意见，公司会积极采纳并实施；借此政策实施打击、报复，都会受到相应的纪律处分甚至解雇。

沃尔玛与员工之间的沟通方式别出心裁，比如面谈、股东会议、卫星系统沟通等。沃尔玛愿意让员工共同掌握公司的业务指标，每件跟公司有关的事都会公开；分店会公布自己的利润、进货、销售和减价的情况，向员工包括计时工和兼职雇员公布各种资讯，鼓励他们争取更好的成绩。沃尔玛认为，让员工了解企业的业务进展情况，是让他们最大限度地干好本职工作的重要途径，可以让员工产生责任感和参与感，知道自己的工作在公司的重要性，感受到公司对自己的尊重和信任。

第三，用人不拘一格，即使不是职员也是顾客。

沃尔玛给应聘者提供了相等的就业机会，并为员工提供了良好的工作环境、完善的薪酬福利计划和广阔的人生发展空间。通常，零售企业的从业者如果想被提升为经理，都要具备数年以上的工作经验，而在沃尔玛，即使是新人，经过6个月的训练，如果表现良好，具有管理员工和商品销售的潜力，就会给他提供一试身手的机会，干得不错，就有机会单独管理一家分店。沃尔玛的经理人员大都产生于管理培训计划，是从内部提拔起来的。此外，沃尔玛还设有离职面谈制度，每位离职员工离职前，都能与公司管理层坦诚交流和沟通。公司了解到当事人的离职原因，就会制定相应的人力资源挽留政策，将员工流失率降到最低；安排专业人员负责员工关系工作，受理投诉，听取员工意见，为员工排忧解难。

第四，培训就是交流，培训就是认同。

沃尔玛常用交叉培训的方式，让不同部门的员工交叉上岗（国内称轮岗），实岗培训学习，以获得更多的职业技能和经验。让员工掌握多种技能，具有不可低估的优势。当员工一人能做多种工作时，工作团队的灵活性和适应性就会大为提高。如有人度假或因病或任务临时改变时，随时有人可以代替工作。新店开业，新招聘来的员工常会因经验不足而无法提高工作效率，让老员工支援，可避免这样的问题。注重加强员工对整体工作运行的认识，多技能培训，保持了员工工作的高质高效，防止因工作单调乏味造成的人员流动，也有利于不同部门的员工能够从不同角度考虑到其他部门的实际情况，降低了不必要的内耗。例如，让采购部门的同事进入销售部门，销售部门的则到采购部门工作，既丰富了其工作能力又强化了其全局观念，有利于人才脱颖而出。

从成功企业的实践来看，实施人性化管理具有以下几个方面的作用和意义，如表4-2所示。

表4-2　人性化管理的作用和意义

作用	意义
推动企业创新	经济社会的快速发展和市场竞争的日益激烈，对企业的创新能力提出了更高的要求，没有创新的企业将很难在激烈的市场竞争中生存下来。实行人性化管理，为员工营造宽松的工作和生活环境，为每个员工发挥自己的聪明才智提供舞台，必将更为有效地调动员工的工作积极性，从而使企业的制度创新与技术创新成为可能

续表

作用	意义
提高企业管理水平	与传统的把人当机器管理的理念不同，人性化管理强调的是员工的自我管理。在传统的管理方式下，员工只是把工作当任务，一切都是源于行政命令，员工总是想方设法地钻管理空子。而在人性化管理方式下，员工成为自己工作的主人，出于个人成就感的追求，员工的自我管理能力将大大提升，不仅工作目标的达成更容易，而且有助于提高企业的管理水平
提升企业核心竞争力	现代企业的竞争归根结底是人才的竞争，优秀的人才正是企业最核心的竞争力。人性化管理所营造的尊重人、关心人、信任人的企业用人制度，为员工提供了发挥才能的空间。一方面，这种宽松的人才环境有利于人才的成长；另一方面，人性化的管理对人才的吸引力将进一步增强，有利于企业引进优秀人才。同时，宽松的人性管理氛围为员工提供了公司如家的温馨感觉，对于留住人才无疑非常有利
实现企业可持续发展	人性化管理符合当今时代"以人为本"的理念，并与建设社会主义和谐社会高度统一。其对人才的尊重与关怀，不但提升了员工的工作积极性与创造性，从而提升了企业的竞争能力，而且向外宣传了一个负责的现代化企业形象，为企业赢得了广阔的发展空间，结合员工对企业的真心拥护和爱戴，使企业的凝聚力与创造力大大增强，为实现企业可持续发展奠定了良好的基础

4. 企业如何实现人性化管理

企业实现人性化管理有以下途径，如表4-3所示。

表4-3　企业实现人性化管理的途径

途径	含义
建设人性化的企业文化	在企业文化中融入人性化的内涵，建设人性化的企业文化，是实现企业人性管理的必要手段。人性化的企业文化，体现了员工家人般的和谐氛围，有助于培养积极向上的企业精神，从而形成持续长久的凝聚力。要从培育激发员工积极的人性特质出发，并以此提炼企业精神，最终建设人性化的企业文化

续表

途径	含义
人性化与制度化相结合	企业制度是企业生产经营活动的准则，离开制度单论人性化并不是真正的人性化。一方面，要重视员工自主管理能力，以人性化的理念进行制度建设，多些激励，少些管制；另一方面，要强调人性化管理的制度原则，人性化管理不等于放任式管理，要在实现企业目标的前提下，坚持制度范围内的人性化管理，从而实现工作目标的驱动与员工自我的主动相结合，使员工既有压力更有动力做好自己的岗位工作
有效授权，自我管理	人性化管理要求管理者充分尊重组织内的每一位员工，给他们自主的权力，从而让员工真正感觉到自己是企业的主人，使他们将企业的发展目标与自己的个人发展联系起来，变员工"撞钟"式的工作为主动参与式的工作，最大限度地释放员工的能量。管理者要相信员工能够管理好自己，进而管理好自己的工作任务，从而使员工主动地根据企业的发展战略和目标制订自己的工作计划，实现个人成长与企业成长的有效统一
提供员工成长空间，提升员工素质	人性化管理，经济利益不是唯一。为员工提供可超越的空间，不断满足员工渴望得到社会认可的精神需求，才是更为重要的任务。要从制度上入手，制定科学的激励机制与员工晋升机制，使每一位员工明白，他们的努力付出是他们成功的铺路石，从而在员工中营造人人争先的局面。在员工努力的同时，企业要结合工作目标的要求与员工个人发展的要求，提供各种有利于员工成长的职业培训，从而不断提升员工素质，为企业的发展储备更为强大的人力资源

综上所述，人性化管理是现代企业管理的趋势，企业要清醒认识到人性化管理在管理发展中的重要意义。企业是人的集聚体，企业是由全体人员共同经营的。如果企业经营管理者能积极实施人性化管理，视员工为同舟共济的"伙伴"，那么员工就会形成把个人生命价值与企业经济价值融为一体的团队，在团队中发挥个人潜力，充分施展才能，汇聚强大合力。在新时代的经济浪潮中，企业管理要赢得卓越，必须深刻理解和认识人性化管理的价值意蕴，重视人性化管理，树立人性理念，创造人性氛围，培植人性土壤，只有这样才能大力提高管理绩效，实现健康持续的发展。

第二节　理清人力资源管理的规范化与人性化的关系

管理学科从本质意义上来说，是在科学理性、制度理性和道德理性三者之间寻求一种"最优解"，其实质上是在规范化和人性化管理中寻求最佳融合方式。管理就是追求规范化和人性化的有机融合，建立人性化的规范管理机制。管理理论百年的历程也证明了这一点。因此，要理清人力资源管理的规范化与人性化的关系，首先必须明确规范化与人性化是不同的管理方式；其次要在人力资源管理范畴内理清二者的关系，建立二者有机融合的管理制度。

1. 规范化和人性化是不同的管理方式

规范化管理追求精细化、规划化、标准化、制度的完善化，人性化管理注重人性和情感因素，构建和谐的干群关系，两者有不同的侧重点。

第一，人性化管理是道，强调构建和谐的团队文化，突出以人为本。

美国著名管理思想家丹尼尔·A.雷恩在《西方管理思想史》一书中说："人们并不是理性的，而是由本性支配的，因而通过理解这些本性，就可以揭开迄今未探索过的心灵的秘密。"因此，仅有完善的制度和标准化的管理流程是不够的，人不是机器，不能完全受制于组织。任何好的企业理念与竞争战略，都需要员工来实现。而员工的态度与士气，决定了理念与战略的实现程度，决定了企业的执行力与竞争力。为此，要以人为本，营造和谐的人际关系氛围和天人合一的精神境界。

中石油吉林石化染料厂通过积极拓宽多种渠道为员工参与民主管理提供方便，设立了包括"知厂情""议厂事""督厂行"专题栏目的厂务公开板，拓宽了工厂与员工沟通的渠道。

（1）知厂情。这个厂通过厂务公开板、厂情发布会、员工大会、厂内信息网等各种形式，让员工及时了解生产管理、员工利益、班子建设等问题，增强工厂工作的透明度，让员工享有知情权，增强员工的民主参与意识。

（2）议厂事。采取员工代表大会、民主议事会、党政工联席会等形式，对工厂重要决策，特别是涉及员工切身利益的问题进行广泛讨论，提出意见和建议，行使员工的民主权利。

（3）督厂行。工厂设立了员工代表参加的纪律监督小组，会对厂务公开渠道的畅通情况进行定期检查，包括：公开的内容是否真实、全面、及时，员工提出的问题是否落实、有回音等，发挥民主监督作用。

阳光厂务使员工心平气顺，快乐工作，主人翁意识不断增强，积极提倡合理化建议，为各项经济指标的完成做出了贡献。

第二，规范化管理是术，强调标准化的工作流程。

规范是管理的原则和基本，完善的人性化管理要有完善的制度和标准化管理流程为保障。规范化管理要求制度标准化、措施具体化，决策程序化、执行规范化、业务流程化、控制过程化，绩效考核定量化、权责明确化。下面来看几个例子：

在制度方面，宝洁公司，仅分销系统的员工手册就有28页，对产品和销售做出完整和系统的讲解，并对销售人员的职责和管理详细规定，甚至如何处理客户投诉的方法因不同的情景就有十几种。这样明确、详细的规定保证了这个世界五百强企业经久不衰。

在规范化方面，日本丰田的全面质量管理体系，推行设备现场管理整顿、整理、清扫、清洁、素养、安全六个步骤，以实现设备操作、整理规范化。

在程控化方面，胜利油田的海上采油是一个复杂的系统工程，包括采油、输油、注水、变配电、生活保障等人、设备、技术等系统，要想实现平台的安全稳定生产，必须协调运行、步调一致。在这个过程中，主管和下属要做好自己的工作，共同担起责任。在生产管理上，该管理区将平台整体功能划分五个子系统——输油、机电、注水、技术、保障，各尽其能，构成了一个上至经理、下至员工的组织网络。

2. 人力资源管理范畴内的规范化管理与人性化管理的关系

第一，规范化体现了对人力资源社会价值的认识与控制，人性化则是对人力资源自我价值的理解与尊重。从某种意义上讲，企业是在社会分工和相互协作基础上发展起来的。企业内部的分工使得两个及以上的人为了实现企业的共同目标产生了协作的必要，而为了保证这种分工和建立在分工基础上的协作得以有效运行，就必须制定相应的制度对员工的行为加以约束和规范，使个体的价值观、行为观统一到企业的发展目标上来，形成最佳合力。而为了激励个体充分发挥其潜力，就必须考虑人的主观想法和需求，在组织结构设计、岗位职责权限划分、工作设计与安排、员工培训与开发、绩效与薪酬管理、员工职业生涯设计与管理等方面考虑员工的需要，将员工的目标与企业的目标有机结合起来。

第二，规范化管理是人性化管理的基础与依据。从企业角度来说，为了保证企业正常运转和不断发展，必须制定严格完善的管理制度，对员工的行为进行约束和规范，形成决策科学化、监督制度化、工作标准化、考核系统化的管理模式；从个人角度来说，人都是有惰性的，管理松弛、职责不清、分工不明，员工就会生出惰性，虽然要尊重人性，但也要看到人性的弱点和消极面，要用健全的制度来约束和管控人性的弱点。因此，人性化管理必须以严格的管理制度为依据，基于人性特征来实施。

第三，人性化管理是实施规范化管理的前提和条件。人力资源管理的对象不是没有生命的物体，而是有理想、有追求、会思考、具有主观能动性的员工队伍。因此，研究制定人力资源管理的规章制度，实施规范化的人力资源管理，必须建立在对员工的基本状况和主导需求等因素进行充分调查论证的基础之上，充分考虑员工对各项制度的想法和建议。

3. 企业不同阶段的最优管理策略

企业在不同阶段，在管理上对人性化和规范化的要求的程度也有着很大的不同。一般来讲，企业发展阶段可分为创业期、成长期、成熟期、持续发展期。要建立人性化的企业规范管理体系，实现二者的协同和融合，就要在不同阶段把员工自我价值的实现与企业的发展目标相融合，依靠无缝隙的沟通协同制度，实现集体契约的最大共识，使管理更加高效、灵活、人性、规范和可持续，具体如表4-4所示。

表4-4 企业不同阶段所制定的融合规范化管理和人性化管理的最优管理策略

时期	最优管理策略	操作指导
创业期	最优的管理应该是沟通全方位、关注核心业务规范化的管理	企业创业之初，企业组织和流程不正规，但由于目标一致和创业的激情，大家能高度团结，创业的核心人物能够对每个人施加影响，在管理制度中，要调动员工最大限度地参与，收集员工的想法和意见，通过全方位沟通实现最大限度的集体共识。在此基础上，制定的规章制度没有必要面面俱到，能够保证企业核心业务流程的规范即可，从而使得组织成员的活力和创造力转化为完成组织使命的活力和动力，使组织成员的事业成功汇集成组织事业的更大成功。为此，要搭建多样化的交流平台，拓展情感沟通渠道，听其言、知其行，对员工的工作给予肯定赞扬，让员工认识到自己的价值所在，从而在工作中充分施展自身才干，促进企业兴旺发达

续表

时期	最优管理策略	操作指导
成长期	最优的管理是导入全面规范管理并考虑个人目标和组织目标最大限度的整合管理	在成长期，企业业务快速发展，人员大量增加，跨部门的协调越来越多，并越来越复杂和困难，企业面临的主要问题是组织均衡成长和跨部门协同，仅靠人与人的信任和激情已经不够了，企业必须在关心员工目标发展和公司目标的契合的同时，着手企业全面规范化建设。全面规范化是保证成果、夯实基础，保证下一步持续发展的最有效途径。在成长阶段，满足员工身心多方面发展需求的制度体系，会激发员工热爱自己的企业，激发员工为企业的前途和生存献计献策，由此企业的各项管理措施、任务目标就会得到落实；同时，最大限度地把组织的目标和成员目标共同凝聚在一起，并把这种契合的目标变成组织的规章制度，体现组织全体成员的共同意愿和组织目标、任务要求。通过做好员工的职业生涯发展规划，使员工的职业发展与企业战略发展的方向和目标相一致。企业要根据自身的发展需要和组织内外部环境的变化，为员工提供及时的、更多的培训机会，实现企业现有人力资源存量的增长和人力资源结构的调整和合理化
成熟期	最优的管理应该是制度完善、流程优化、符合人性且考核量化、奖惩有据、鼓励创新的民主管理	由于创新和创业精神的渐渐淡薄，企业组织和流程已经逐渐固化，流程运作规范，效率低下；部分企业因为不能持续进行管理创新由封闭逐渐走向衰退、灭亡，也有部分企业经过剧烈的业务变革和管理的优化走向可持续发展阶段。这个时期必须要有完善的制度和标准化的流程作为基础，实现绩效考核的量化，决策符合程序，权责必须明确，管理行为要标准，达到愿景设计、沟通交流、授权支持、跟踪考核和酬赏兑现五个方面有章可依、有法可循。要控制整个管理的动态过程，管理者与被管理者要共同将工作分解得规范化、标准化，并通过双方的监督，评估考绩及适时反馈，不断地规范管理，全面提高一个组织的整体高效执行力。成熟期随着企业管理制度的标准化、流程化，企业成员更渴望公正，组织只有遵循公正的原则，才能取得组织内员工的共识和认同，使出台的各项措施获得最广泛的支持，进而顺利实施。特别是在关系到员工个人的绩效结果时，公正的考核制度使更大范围的员工受益，这种规范才能取得各利益集团的广泛支持和配合，这个时候就要求绩效考核的公正、公开、公平。要通过建立科学的绩效考核体系，切实从根本上、制度上保障企业绩效考评的客观性、科学性和考评结果的可靠性。考核指标尽量可量化、可实现、可观察、有时间限制，在确定考核指标时，要体现员工对组织的贡献，便于横向比较，须按照流程来制定奖惩激励措施，针对流程的最终效果来实施奖惩，而不是针对具体岗位个人来实施奖惩

续表

时期	最优管理策略	操作指导
持续发展期	最优的管理是实现文化的管理且考核量化、奖惩有据、鼓励创新	持续发展期是一个企业各种管理制度成熟、运营规范而又有一定底蕴的时期，这个时期的管理制度具体、规范、成熟且已经传承为员工的一种习惯，内化为员工的一种准则，企业实现了辩证吸收并优化外来的管理制度以符合自己企业实际情况的完美效果，这个时期的最优的管理是实现文化的管理。首先应该将优秀的企业文化作为内部管理的灵魂，文化可以塑造员工良好的行为习惯，可以营造员工集体认同的氛围，可以形成无形的规范行为。这个时期更侧重于关爱每一个员工，努力营造出宽松、舒适、张弛有度的和谐工作氛围和良好的干群关系；要通过丰富的文体活动丰富员工的业务生活，满足员工的精神需求；通过文化的规范和导向能力使员工形成共同的价值观和行为规范

总之，人性化的制度和规范化管理是相辅相成的，最终都是为了最大限度地开发人力资源，调动人的积极性、主动性和创造性，实现组织的最大利益。正如著名企业家李嘉诚所说："将人情与制度管理结合，充分发挥员工的主观能动性和创造性，调动员工积极性，使企业永葆生机和活力。这是知识时代对企业发展的要求。"

第三节　人力资源管理如何采取规范化与人性化结合的策略

规范化和人性化是贯穿企业管理全过程的一对矛盾综合体，正确处理好二者的辩证关系是企业人力资源管理的发展方向。从实践的角度来说，应该注意把握以下三项原则：

1. 人力资源管理的规范化与人性化水平在企业不同阶段应有所差异

企业生命周期的概念是在 1972 年由美国哈佛大学的格瑞纳教授首次提出来的。在企业的成长过程中，如同人的成长要经历幼年、青年、中年和老年等阶段一样，企业的成长也要经历创业期、成长期、成熟期、持续发展期等阶段。在企业不同发展阶段，人力资源管理如何进行规范化与人性化操作呢？

在创业期，企业往往还没有正式的、稳定的组织结构，分工粗，雇员少，员工间多采用非正式的沟通与交流方式。此时，组织的管理主要表现为创建者的亲自监督，属于人性化的一种形式。

成长期是创业期的进一步发展。随着企业的发展、规模的扩大，企业内部开始建立按职能划分的组织结构，员工有了较明确的职责和分工，企业的管理制度初步建立起来，针对员工的激励制度与工作标准等措施开始部分代替管理人员的亲自监督方式。此时企业管理开始向规范化方向探索。

到了成熟期，组织内部已经建立了分工明确的组织结构，各级部门和人员主要按规范的规章制度和准则展开工作，管理效率会达到顶峰，过度标准化和规范化会在一定程度上制约员工工作的自主性和创造性，这是企业管理规范化水平的最高时期。

经过了成熟期的组织，意识到过度规范化的危害，开始从企业内部各个层面做出调整与改进，管理的人性化水平会慢慢提高，部分削弱制度管理的权限和范围。企业由此进入持续发展期。

2. 考虑企业的规模对规范化管理与人性化管理的影响

当企业规模比较小、员工比较少时（相当于创业期和成长期），员工日常工作一般都紧密而频繁，彼此之间比较熟悉，成员需要通过团体的情感互动来实现心理需求的满足，因此容易产生情感共鸣。采用人性化的管理手段，有利于增强企业凝聚力，还能提高员工的协作意识和合作精神。

反之，企业规模大、员工人数比较多时（相当于成熟期和持续发展期），生产规模的扩大使企业正常经营活动变得越来越多样化和差异化，此时，企业一般会使活动差别化以便获得专业化优势。为了有效指导员工的工作，各种政策、规章、规则和程序会越来越多，企业管理的规范化水平也会越来越明显。

3. 根据具体工作的性质与特点确定微观层次的规范化与人性化水平

比较而言，技术性、生产性岗位，比如财务、资产管理、生产管理等岗位，其工作内容往往比较稳定、岗位职责也非常明确、工作结果可预测性高，在这类岗位上个性的发挥往往容易导致企业的损失，所以必须实行严格的制度管理，用非人性化的规范规章来明确界定他们的职责、任务与目标。而管理、研发、营销等岗位的工作内容一般都不太稳定、工作过程难以标准化、工作结果受人力和很多非人力因素影响，只有人性化的管理才能更好地发挥在这些岗位上工作的员工的积极性和创造性。

4. 区分任职者的素质和层次，调整管理的人性化与规范化水平

根据人力资源管理的人性假设理论，企业员工的人性特征一般可以分为"经济人""社会人""自我实现人"和"复杂人"四种形式。

"经济人"是一种懒惰、被动、消极的人性特征，"自我实现人"正好与"经济人"相反，"社会人"追求更多的社会和心理需求的满足，"复杂人"则兼有以上三种人性的特征。在企业里，一般综合素质和工作层次低的员工"经济人"特征表现明显，而素质高、工作层次高的员工则"社会人""自我实现人"的特征表现突出一些。显然，为了保证"经济人"能踏实工作，规范化的规章和奖惩制度是必需的；而为了激发"社会人"和"自我实现人"的工作热情和积极性，必须充分关注他们自身的各种需求，人性化管理才是有效的选择。

　　总之，人力资源管理的规范化与人性化，就像物理的两极一样，具有对立的特点。但是，在企业管理过程中，二者又不能截然对立与分离。有效的人力资源管理，必然是规范化与人性化的有机结合，用规范化的制度来提高管理效率，用人性化的手段来提高员工的满意度水平，二者的协调统一，才能实现企业目标与员工目标的共同实现与双赢。

第四节　关注员工切实需求，构建企业与员工"命运共同体"

　　员工是企业可持续发展的核心，也是人力资源人性化管理的受益方。如何更好地践行人性化理念，关键在于关注员工切实需求，两者构建"命运共同体"。

1. 经济待遇要"稳中有升"

　　员工生活好，是员工价值创造的重要基础。企业应建立完备的员工薪酬体系，并基于岗位设置需求，形成"梯度"薪酬制度，在激励员工价值创造的同时，也确保员工的经济待遇"稳中有升"，并进一步提升"政治待遇"。

　　有家商业空间设计公司，为了获得持续发展，为了提高员工待遇，采取了以下三项措施：

　　一是制定了"合伙人"制度。让每个核心员工掏钱入伙，根据入伙金和考核值，再对每个合伙人进行年度超价值利润分配。

　　二是对员工进行"弹性薪酬"分配激励。在第一年，所有的新员工都采用弹薪制，至少是"底薪+提成"。新员工使用弹性薪酬，核心员工使用合伙人机制，大大提高了核心员工的积极性和忠诚度。员工尝到甜头后，公司进行了薪酬绩效改革，宣告了第三年的规划，结果员工都接受弹性薪酬。

三是项目承包，跟优秀员工合作共赢。老板认为，公司是大家的，只有分配合理，大家才能维护好这个平台。按照项目承包制，公司接来的单，50%~70%给员工，30%~50%给公司，每个项目负责人都是老板，不仅提高了工作质量，还提高了工作进度。老板每年做一两个大项目即可，其他时间就能在专业上继续深造，把自己打造成行业第一人，吸引更多人才。

2. 建立完善的沟通机制

员工是企业发展的推动力，提高员工参与企业经营管理的主动性，是让员工更好地发挥主人翁作用的重要保障。因此，企业要建立完善的沟通机制，能够让基层一线员工的心声传达到企业管理层，让员工拥有参与权、知情权和决策权，让员工在工作中产生"归属感"。

很多管理者都忽视了沟通的重要性，而是一味地强调工作效率。实际上，面对面沟通所花的些许时间成本，绝对能让沟通大为增进。沟通看似小事情，实则意义重大！沟通通畅，工作效率自然就会提高，忽视沟通，工作效率势必下降。

来看某公司研发部郭经理的例子：

研发部郭经理才进公司不到一年，工作表现颇受主管赞赏，不管是专业能力还是管理绩效，都获得大家肯定。在他的缜密规划之下，研发部一些延宕已久的项目，都在积极推行当中。

王副总发现，郭经理到研发部后，几乎每天都要加班，经常会第二天一早看到郭经理在前一天晚上 10 点多发来的电子邮件，甚至还能看到早上 7 点多发送的另一封邮件。下班时，总是郭经理最晚离开，上班则是第一个到。工作量吃紧的状况下，其他员工都会准时走，只有他一个人会留下来，但平常很难见到郭经理和部属或同级主管进行沟通。王副总对郭经理的工作感到很好奇，开始留意他的沟通方式。原来，郭经理是用电子邮件向下属布置工作，下属除非必要，也以电子邮件回复工作进度及提问题，几乎不怎么找他当面报告或讨论，电子邮件是郭经理跟同人合作的最佳沟通工具。

但是，大家似乎不喜欢郭经理的沟通方式。王副总发现，郭经理的下属没有向心力，不配合加班，只执行交办的工作，不会主动提出企划或问题；而其他主管，也不会主动到他房间聊天，见了面，也只是客气地点头；开会时的讨论，都是公事公办。

这天，王副总经过郭经理房间门口，听到他正在打电话，讨论内容似乎和陈经理的业务范围有关。他到陈经理办公室，正好陈经理也在打电话。听了谈话内容，确定是两位经理在谈话。之后，他找到陈经理，问他是怎么一回事。两人的办公房间紧挨着，为什么不直接走过去沟通，竟然用电话谈。陈经理笑答，电话是郭经理打来的，郭经理喜欢用电话讨论工作，陈经理曾试着到郭经理房间谈，可是郭经理不是用最短的时间结束谈话，就是眼睛总是盯着计算机屏幕，让他不得不赶紧离开。陈经理说，几次以后，他也宁愿用电话的方式沟通，免得让别人觉得自己过于热情。

了解到这些情形后，王副总找到郭经理，郭经理解释说，效率是最应该追求的目标，想用最节省时间的方式达到工作要求。王副总以过来人的经验告诉郭经理，工作效率固然重要，但良好的沟通更会让工作顺畅许多。

再来看通用公司的例子：

最近几年，通用公司在人事管理上进行了重大改革，改变了过去的人事调配方法（由企业单方面评价职工的表现、水平和能力，然后指定其工种岗位），开创了"民主化"的人事管理：由员工判断自己的品格和能力，提出自己希望工作的场所，由他自己决定工作前途。这种人事管理方式，比传统的人事管理更能收集到员工的意见和建议，更能发掘人才和对口用人，对公司发展和个人发展更加有利。

此外，通用公司还别出心裁地让员工写"施政报告"，从1983年起每周星期三由基层员工轮流当一天"厂长"。"一日厂长"9点上班，先听取各部门主管汇报，对全厂营运有一个全盘了解，之后就会陪同厂长巡视部门和车间。"一日厂长"的意见，会被详细记载在《工作日记》上；各部门、车间的主管要依据其意见，随时改进自己的工作，并在会议上提出改进后的成果报告，获得认可后方能结案；各部门、车间或员工送来的报告，必须经过"一日厂长"的签批，之后才能呈报给厂长；厂长在裁决公文时，"一日厂长"可以表达自己的意见，供其参考。这项管理制度实行后，第一年就节约了200万美元的生产成本，将节约额的提成部分作为员工的奖金，上下皆大欢喜。

3. 帮员工做好职业生涯规划

职业生涯规划指的是，个人和组织结合在一起，对个人职业生涯的主客观条件进行分析、总结、研究，之后对自己的兴趣爱好、能力、特长、经历和不足等进行综合分析与权衡，根据自己的职业倾向，确定最佳的职业奋斗目标，并为实现这一目标做出行之有效的安排。

为了确保企业发展的持续性，为了员工更好地发挥职业创造力，企业应制定详细的文件，罗列出员工晋升渠道、所需具备的能力和职业发展前景，让员工在工作中以此为发展导向，提高员工价值创造的主动性。

周某大学毕业后，应聘到一家电子元器件公司，做销售专员。周某日常的主要工作是拜访客户、参与商务洽谈、制作标书、整理客户资料等，完成手头工作后，他一般都会打游戏、逛淘宝、聊QQ。陈经理多次和他沟通，告诉他：上班时间应该工作，即使工作做完了，也要多花些时间了解业务，提高能力。

周某表面上表示接受，但心里却不以为然。陈经理经过深入了解后得知，每天重复简单的工作，周某早已没有了激情，自己感到比较迷茫，不知道该在哪方面努力。陈经理找到人力资源部，让人力资源部给予帮助。

为了了解周某对目前工作的认识、想法和意见，并了解他对个人发展的想法，人力资源部刘经理与周某进行了沟通，之后结合周某的兴趣爱好、工作表现、工作成绩，帮周某分析了个人的优势和不足，参考公司销售人员职业发展通道，给周某设计了合适的发展通道。如此，既满足了周某个人发展的需求，又符合公司对员工发展的通道设计，同时还保证了两者的相互结合。

根据员工的要求和公司的需要，刘经理还跟陈经理商量，为周某提供了一次培训机会，帮助周某完善知识结构、积累工作经验、提高工作能力，让他逐步胜任发展通道上的上级岗位。

果然，周某不负众望，在销售这条道路上越走越好，连续三个季度都是销售冠军，后来升职做了销售主管。

第五节　优化与调整员工管理方式，积极营造民主、和谐的企业氛围

优化与调整管理方式，积极营造民主、和谐的企业氛围，是践行"人性化"理念的着力点。为此，需要强化"情感管理"、抓好"信任管理"、培育员工责任感与创造力。

1. 要强化"情感管理"

情感管理在管理中具有重要作用。情感管理强调的是以员工为主体、为

利益中心，为员工创造一种温馨、充满人情味的人力资源管理模式。管理强调柔性因素的渗透，注重情感投资在人性化理念中的落实。

通用电气公司前总裁斯通重视培养员工的"大家庭感情"的企业文化，管理者和员工都要严格执行企业特有的文化，爱厂如家；从最高领导到各级管理者，都实行"门户开放"政策，鼓励员工随时进入办公室反映情况，妥善处理员工的来信来访；每年至少举办一次生动活泼的"自由讨论"；公司像一个和睦、奋进的"大家庭"，从上到下直呼姓名，无尊卑之分，彼此尊重，互相信赖，关系融洽。

有一次，机械工程师伯涅特领工资时，发现少了30美元的加班费。他找到上司，上司表示无能为力，他便给总裁写信说："我们总会遇到令人头痛的报酬问题，这已使一大批优秀人才感到失望了。"总裁立刻让最高管理部门妥善处理此事，三天后补发了伯涅特的工资。

事情到这里还没有结束，公司不仅向伯涅特道歉，还利用这件事情，了解了"优秀人才"待遇较低的问题，调整了工资政策，提高了机械工程师的加班费；同时，还向著名的《华尔街日报》披露了这一事件，在美国企业界引起了轰动。这虽然是一件小事，但反映了通用的"大家庭观念"，反映了员工与公司之间的充分信任。

2. 抓好"信任管理"

信任管理强调的是为员工的价值创造、自我发展，创造更加多元化的自主空间。企业与员工之间要相互信任，在相互发展中，创造各自的价值。

爱尔兰是世界上最大的软件生产出口国家，这个国家十分重视人与人之间的信任，各软件公司都是变控制管理为信任管理。

无独有偶，在美国沃马特公司，每一位经理人员都用上了刻有"我们信任我们的员工"字样的纽扣。在这个公司，员工包括最基层的店员都被称为合伙人，企业的发展蒸蒸日上。

信任是最好的管理，可是国内的一些企业却对员工不信任，喜欢拿放大镜来审视员工，将员工的缺点无限放大，对员工持有怀疑戒备之心，员工稍有差错，就严加训斥，全然不顾员工的内心感受，使员工心怀不满，与企业离心离德。

有些企业在创业之初能很好地信任管理，管理者与员工同苦共难，员工也能充分发挥主观能动性，为企业发展尽心尽力。但是企业发展到一定规模后，利益分配差距越来越大，管理者就会开始提防员工。随着信任的不断流失，公司就会弥漫一种怀疑的气氛，员工管理变成了防卫式管理、监控式管理，疏远了人心，丧失了凝聚力，企业慢慢走上下坡路。

如今，很多企业都在倡导"以人为本"的企业文化和管理理念，而要真正将"以人为本"落实到实处，就要以信任为基础，尊重员工、相信员工、理解员工，充分释放员工的潜力和激情，使员工真正将企业当作"家"来挚爱；对员工感情上融合、工作上放手、生活上关心，营造一种信任氛围，使信任成为企业和员工的黏合剂、连心锁，让员工管理自己、提高自己，最大限度地减少管理成本，使企业和员工共同发展。

3. 培育员工责任感与创造力

企业要培育员工责任感，在员工履行岗位职责的同时，激发其潜在的创造力。员工一方面要履行好自身岗位的职责，同时也要在不断创新的思维方式之下，更好地激发创造力，满足企业发展的内在需求。企业在员工开发的过程中，既要确保岗位基本职能有效落实，也要大胆任用，对优秀的员工可以破格任用，创造更好的发展平台，为企业创造更多的价值。

美国宝洁公司已有160年的历史，进入新经济时代，宝洁公司运用新经济和新科技思想，激发员工的责任感与创造力，突出企业"人本资源"基本动力的再造与重塑，从而大大加快了企业科技创新与品牌创新进程。宝洁公司平均每年申请创新产品与技术专利近 2 万项，成为全世界日用消费品生产中产品开发创新最多的公司。宝洁公司进入中国市场后，组成庞大的消费市场调查队伍，深入全国各大中城市家庭进行广泛调研，已创出海飞丝、玉兰油、飘柔等具有中国特色的知名品牌，这些产品与品牌一直领导着中国洗涤产品市场，在中国消费者中的信誉度和知晓度极高。

其实，宝洁公司的做法就是：将知识资源开发利用战略目标锁定在创新人才及其创新能力、创新热情等无形资产拥有上，最大限度地获取知识创新及开拓市场，加速技术创新与资本增值；全面顾客关系协调，充分尊重员工的自主性与创造性，营造出一种"员工充电，老板出钱"的浪潮，为企业技术创新不断注入新的活力。

第六节　人力资源管理的六种模式与员工管理的人性化技巧

在现代社会管理中，人力资源管理已经突破了传统的模式，把人力上升到资源的角度进行配置和管理。在人力资源的管理和配置中，人性化管理是一个十分重要的研究课题，也是一个企业人力资源管理工作的重点。这里介绍的人力资源管理的六种模式与员工管理的人性化技巧值得企业管理者学习。

1. 人力资源管理的六种模式

对于公司治理，国外经济学家认为，西方工业化是"三分靠技术，七分靠管理"，人力资源管理更是企业发展的巨大动力。企业管理者可以结合我国国情和自身特点，借鉴以下六种模式：

（1）"抽屉式"管理。在现代管理中，它也叫作"职务分析"。"抽屉式"管理是一种通俗、形象的管理术语，它形容在每个管理人员办公室的抽屉里，都有一个明确的职务工作规范，在管理工作中，既不能有职无权，更不能有权无责，必须职、责、权、利相互结合。

"抽屉式"管理用于明确部门和个人岗位责、权、利关系，其成果是人力资源管理中非常重要的基础之一。进行"抽屉式"管理的步骤如下：第一步，建立一个由各部门组成的职务分析小组；第二步，正确处理企业内部集权与分权关系；第三步，围绕企业的总体目标，层层分解，逐级落实职责权限范围；第四步，编写职务说明、职务规格，制定出对各职务工作的要求准则；第五步，将考核制度与奖罚制度结合起来。

（2）"危机式"管理。美国企业界认为，经营者不能很好地与员工沟通、不能向员工表明危机确实存在，就会很快失去信誉、失去效率和效益。

美国技术公司总裁威廉·伟思发现，世界已变成一个竞争战场，全球电信业正在变革中发挥重要作用，于是启用两名大胆改革的高级管理人员为副董事长，免去五名循序渐进改革的高级人员职务；在员工中广泛宣传某些企业由于忽视产品质量、成本上升、失去用户的危机，让员工知道，技术公司如果不重视产品质量、生产成本及用户，末日就会来临。

（3）"破格式"管理。所谓破格式管理，就是根据能力、效绩决定员工升降去留。在企业诸多管理中，最终都通过对人事的管理达到变革创新的目的。因此，世界发达企业都根据企业内部竞争形势的变化，积极实行人事管理制度的变革，以激发员工的创造性。

在日本和韩国企业，过去采用的都是"年功制度"——以工作年限作为晋升职员级别和提高工资的标准。这种制度适应了企业快速膨胀时期对用工用人的要求，为劳动力提供了就业与发展的机会。进入 20 世纪 80 年代后，发达企业进入低增长和相对稳定阶段，这一制度已不能满足职员的晋升欲望，组织人事的活力下降。从 90 年代初，日本、韩国等优秀企业着手改革人事制度，大力推行"破格式"的新人事制度——根据工作能力和成果决定员工职务的升降，成效明显。

世界大企业人事制度的变革，集中反映出对人的潜力的充分挖掘，因此企业要通过搞活人事制度来搞活企业组织结构，重视培养和形成企业内部的"强人"机制，努力营造一种竞争、奋发、进取、开拓的新气象。

(4)"一分钟"管理。目前，西方许多企业纷纷采用"一分钟"管理法则，并取得了显著的成效，具体内容包括：一分钟目标、一分钟赞美及一分钟惩罚。

所谓"一分钟目标"，就是企业中的每个人都将自己的主要目标和职责明确地记在一张纸上。每个目标及其检验标准，都要在 250 个字内表达清楚，保证一个人在一分钟内能读完。如此，每个人就能明确认识自己为何而干、如何去干，并据此定期检查自己的工作。

"一分钟赞美"指的是人力资源激励，具体做法是：管理者花费一定的时间，在职员所做的事情中，选出正确的部分加以赞美，促使员工明确自己所做的事情，更加努力地工作，使他们的行为不断向完美的方向发展。

"一分钟惩罚"是指某件事应该做好，却没有做好，管理者对有关人员进行批评，指出错误，然后告诉他，自己非常器重他，不满的是他此时此地的工作。如此，就能让做错事的人乐于接受批评，让他们感到愧疚，并避免同样错误的发生。

一分钟目标、一分钟赞美和一分钟惩罚，形成了经理人管理的一个闭合循环。目标引发行为，结果巩固行为，行为达成目标，这就是管理，这就是管理的真义。但是，这种管理境界也是有使用条件的。一分钟经理人的舞台和平台是建立在有效的公司治理结构和完善的组织架构的前提和基础上的，缺少了这些条件，经理人做事就会束手束脚。

（5）"走动式"管理。它主要指企业主管体察民意，了解实情，与部属打成一片，共创业绩。其优势在于：第一，主管动部属也跟着动。第二，投资小，收益大。走动管理并不需要太多的资金和技术，就可能提高企业的生产力。第三，看得见的管理。就是说最高主管能够到达生产第一线，与工人见面、交谈，希望员工能够对他提意见，能够认识他，甚至与他争辩是非。第四，现场管理，现场办公，现场解决问题。

（6）"和拢式"管理。"和拢"是希腊语"整体"和"个体合成"的意思，表示管理必须强调个人和整体的配合，创造整体和个体的高度和谐。不同于传统上的泾渭分明的分工管理，"和拢"管理更强调个人奋斗，从而促使不同的管理相互融合、相互借鉴。

实行"和拢式"管理的要点是，对员工期望进行有效管理。所谓员工期望，指的是员工在对自身掌握的信息和外部信息进行综合分析、评估的基础上，在心中形成的对企业提供给自己的"产品"（包括工作、薪酬、福利等）的一种基本要求，并据此对企业的行为形成的一种期望。

对员工期望进行管理，就是对其不合理的期望予以说明和剔除，尽可能地满足其合理的期望；同时，引导员工建立正确、有效的期望，最终让员工满意。

管理员工期望，不仅要在企业内部形成良好的正式沟通机制，还要重视内部非正式组织的作用，注重与员工意见领袖的沟通，同时要有意识地培养有利于管理方的员工意见领袖。在一流的"内线"帮助下，领导者就能掌握这部分信息，大大提高员工期望管理的有效性，有助于领导者做出规避、应对和化解罢工的正确决策。

实行"和拢式"管理还应赋予员工尤其是高级管理人员行事权。"授权"是当前商界出现最多的无聊词汇，却是领导者和管理者了解最不透彻的概念。授权，就要将程序性管理转型为原则性管理，允许员工以他们的方式和具体的情况来应用这些原则。

2. 员工管理的人性化技巧

人性化的管理就要有人性化的观念，就要有人性化的表现，最为简单和最为根本的就是尊重员工的私人身份，把员工当作一个社会人来看待和管理，具体做法如表4-5所示。

表4-5　员工人性化管理技巧

技巧	操作指导
令员工愉悦地谈话	把一名员工叫进你的办公室，仅仅为了对他表示感谢，在此期间不要谈论其他的事情。在收到的员工写的信上和递交报告的员工的薪水支票或是分红支票上加一张便条，或者直接写在上面，你欣赏他工作的哪些地方和为什么
帮助员工	当员工在进行一件有压力的工作时，去帮助他们。但别去当"老板"，征询员工你怎样才能帮忙，然后按照他们说的方式去帮助他们。改变员工工作，用新的、令人兴奋的新项目来回报你最好的员工。如果这点做不到，就让他目前的工作多样化一点。对于新员工，要给他们机会让他们去表现、去学习、去成长，这是承认他们的一种方式，切记赞美会让他们更加努力
以可见的形式表达出来	安排一块地方，放置记录某个重要项目进展情况的照片、备忘录或是其他，而不要等别人来设立这些。要让员工明确，他们可以自由地在布告栏上表达对别人的积极意见，签上自己的名字，并把这作为对公司的特殊贡献
公布他们的姓名	在电子布告栏上承认员工的成绩。想想看，很小的努力就足以使他们兴奋一整天。而且其他人也读到了布告，还会加上他们的赞扬

第五章

互联网时代企业扁平化人力资源管理

在互联网时代，人力资源传统的组织会发生巨大变化，组织扁平化、自组织、创客组织等多种新兴组织形式层出不穷，人力资源管理者一定要顺应时代变化，及时调整组织结构。要致力于打造经济新常态下的健康型组织，要为组织发展设计有效的人才管理解决方案并在方案实施过程中注重让员工与企业共赢，要积极应对组织结构扁平化下人力资源管理的各种挑战，解决好组织晋升发展机会有限与员工晋升发展诉求增加这两者之间的矛盾，构建人力资源管理的扁平化组织"五力"体系。

第一节　经济新常态下，组织发展新战略：
打造健康型组织

世界卫生组织在 1948 年是这样定义"健康"的：健康是一种在躯体上、心理上和社会上的完美状态，不仅仅是没有疾病和虚弱的状态。这里提到的"健康"是一种大健康，相对于狭义的没有器质性病变的躯体健康而言。心理健康和社会关系的动态和谐日趋重要，身、心、灵的三环模型便成了健康的重要组成部分。

组织、社区和社会，就像是人体的健康，也有好坏之分。其衡量标准是，能正常运作，注重内部发展能力的提升，能有效、充分地应对环境变化，合理地变革与和谐发展。此外，在组织行为学界，还针对企业提出了一系列健康标准，比如关注目标、权利平等、资源利用、独立性、创新能力、适应力、解决问题、士气、凝聚力、充分交流等。企业就像一个人，也应该有健康的肌体、胜任的能力和创新文化，只有打造好软实力，实施人本管理，上下级之间才能同心同德，才能共同面对市场竞争，获得更好的发展。

1. 健康组织的概念及要素

对于健康组织这个概念，中国人民大学著名学者时勘教授的观点具有重要的启示意义。时勘教授认为，健康组织包括权利平等、资源利用、独立性、解决问题、适应力、创新能力、士气、凝聚力、充分交流和关注目标等要素，组织包括正常的心理状态、成功的胜任特征和创新的组织文化三方面。其中，胜任特征指能将某一工作（或组织、文化）中有卓越成就者与表现平平者区分开来，比如动机、特质、自我形象、态度或价值观、某领域知识、认知或行为技能……

时勘教授从全人心理学的角度阐述了健康型组织也应该包括的三大要素：一是身，即身心健康，也包括组织肌体的健康，包括健康型组织标准体系、劳资关系、组织绩效等多层面。二是心，即心理能力、素质。成功是健康发展的重要基础，要建立基于胜任特征模型的人力资源开发模式，这包括了变革型领导行为、职工疏导技能、员工心理感受和压力应对等要素。三是灵，即心理资本，理性的、积极的幸福观。建立和谐、胜任和促进创新的组织文化，以提高组织的核心竞争力，以满足市场竞争和不断变革的需求，这包括建设幸福企业所必须具备的社会责任、组织文化、团队氛围、员工的工作投入和组织公民行为等因素。据此，开展健康型组织建设要达到上述身、心、灵的组织建设要求。

组织是由人构成的，健康的组织也要具备跟健康的人一样的影响要素，包括躯体（机构设置和职能分工、部分协作——组织正常的运作）、心理激发（员工的内在动力、抗逆力——内部发展能力的提升）和灵魂成长（文化、组织与环境的和谐互动——合理的变革与和谐发展）。

时勘教授认为，要想打造"身""心""灵"结合在一起的健康组织，就要进行健康型组织建设，要点如下：①高层管理者带头改变观念，高度重视企业的人本管理，倡导健康型组织建设；②人本管理的核心在于借助心理学，做好员工的压力管理与情绪管理；③面对新生代的新特征，管理者要从组织发展战略的高度，全面提升自身的管理能力，将人本管理落到实处；④倡导建设健康型组织，在认识上抓住实质，建设创新融合的文化，增强组织的核心竞争力；⑤建立组织与员工促进计划，建立员工援助专业人员队伍，配合政府和行业协会加强职业资格认证和市场监管，在中层管理者和员工中普及健康型组织的管理理念和服务技术。

2. 经济新常态下的健康型组织

经济新常态下，打造健康型组织是组织发展新战略。在深入讨论这个问题之前，我们不妨先从健康型组织的视角来看看索尼的衰落。

2015年4月，索尼公布了2014年度的财报，净亏损为1260亿日元。为了承担责任，索尼现任CEO平井一夫等董事会成员主动削减自己报酬的5%~10%。其实，这已经是索尼连续亏损的第八年。为了应对连年的亏损，索尼进行了全球大规模的裁员。作为一家横跨世界电子、通信、信息、家电、游戏的先导者，世界最大的电子产品制造商之一，索尼曾经承载着上一代人的梦想，并被誉为日本民族品牌的神话而走向世界，其衰落背后的原因让人们深思。

日本作家立石泰则曾写过一部探究索尼衰败原因的书——《死于技术：索尼衰亡启示》。他深入索尼公司，遍访索尼的历任管理者，详细披露了索尼一步步深陷泥潭的经过。

自索尼第一台晶体管收音机问世以来，索尼的每次技术创新都会撼动整个产业，如特丽珑电视机、Walkman随身听、CD播放器，可是井伸之出任索尼CEO后，索尼的技术巅峰优势便从此消失，再也没有推出让人为之振奋的产品。

究其原因，有些人认为，职业经理人看重的不是公司的长远规划，而是在任期内确保股东的利益，这种追求短期利益的行为，与当初盛田昭夫与井深大建立索尼时以技术为本的创业精神渐行渐远，使其最终失去了索尼的核心灵魂。

当年，第一代创业者盛田昭夫与井深大立志要打造世界上独一无二的产品和称霸全球的品牌。那时候，索尼公司推出的创新产品和专利是全世界效率最高的，也正是这份无私无畏、开拓未知的勇气和信念才塑造出了世界一流的多元化帝国。而如今的索尼，无论是创新的专利，还是研发的产品，都远远落后于三星。失去了最初的独创精神，索尼也就失去了企业真正的特色和自我。

索尼的资深高层天外伺朗在《绩效考核毁了索尼》一文中总结索尼衰败的五个原因：

第一，激情的消失。那些不知疲倦、全身心投入开发的团体已经消失，技术团队追求赚钱、升职等目标。

第二，挑战精神的消失。索尼引入绩效管理制度后，公司内追求眼前利益的风气蔓延，没有人再愿意接触具有挑战性的目标。曾经充满活力的索尼公司，被各种严苛的关键绩效指标锁住，经理人只在乎下个季度完成更高的绩效目标，忽视了组织中的协同、人员的成长、创新的活力、领导者的领导力。

第三，团队精神的消失。绩效主义企图把人的能力量化，做出客观、公正的评价，但只能搞坏公司内的气氛。上司不把部下当作有感情的人看待，一切都看指标，用"评价的目光"审视部下。

第四，创新先锋沦为落伍者。

第五，高层主管是关键。索尼当年之所以能够取得被视为"神话"的业绩，正是因为井深大强调并贯彻了"自由，豁达，愉快"的工作氛围，注重员工的主观能动性，员工热情焕发，整个集团拧成一股绳，充满斗志地向目标迈进。但今天索尼公司的上司不称职，推行的是不负责任的合理主义经营方式。

除了立石泰则和天外伺朗，还有许多人从更多角度分析索尼衰败的原因，各有各的道理。不过，从健康型组织的视角来分析，对当代的中国更有意义。

在当代的中国，经济秩序经过一段不正常状态后已经重新恢复正常状态，这就是习近平同志所说的"新常态"。经济新常态时期的企业组织面临的外界的环境包括经济的快速发展、国际化的竞争、多元文化的冲突，因此，组织必须在创新中实现转型。那么，经济新常态下如何建设健康型组织呢？具体措施如表5-1所示。

表5-1 经济新常态下健康型组织建设措施

措施	实操指导	组织对策
加强人本主义管理，激发组织活力，提升组织效率	重视人力资本的开发与培养，实施健康型组织建设，是组织在愈演愈烈的市场竞争中立于不败之地的基石。谁能够在日常的管理活动中尽可能地创造有利的环境和条件帮助员工保持良好的精神状态，谁就能有效激发员工的工作激情和活力，有效提升组织效率，就能充分发挥人力资本的效能，在市场中赢得先机。因此，企业的高层管理者应该注重以人为本的管理理念，重视员工身心的同步发展	高层管理者带头改变观念，高度重视企业的人本管理，倡导健康型组织建设
做好员工的情绪管理与压力管理	在生活和工作节奏日益加快的今天，每个组织中的员工不仅面临着来自生活方面的压力，在工作中也会有很多压力源的存在。身为组织的管理者，必须对员工的情绪与压力管理对于组织建设的重要性有深刻的理解和认识，要善于使用心理学的相关知识，根据自身的实际情况，帮助员工做好情绪与压力的调节和管理，营造良好的企业文化氛围，充分发挥员工的工作积极性，激发潜力，提升绩效，最终实现组织和员工的共同健康成长与发展	现代社会是一本打开了的心理学，要倡导人本管理，其核心在于借助心理学来做好员工的压力管理与情绪管理
做好新生代员工的管理	随着时代的发展，越来越多的"85后""90后""95后"员工涌入职场，组织要根据新生代员工的特点，了解新生代员工内心世界的状况和变化趋势，及时地从工作和生活的各个方面给予关怀、帮助和支持，才能保证能够做好新生代员工的跨代管理，保证组织健康、稳定地长期发展	面对新生代的新特征，管理者要从组织发展或战略的高度，全面提升管理能力，使企业的组织与员工促进计划落到实处

措施	实操指导	组织对策
努力提高企业核心竞争力	核心竞争力是一个组织能够长期获得竞争优势的能力。在如今的市场经济环境下，核心竞争力中人的因素正在不断地得到强调和重视，而"物"的因素越来越被淡化。建立健康型的组织，借助现代组织行为学和人力资源管理先进理念的指导，建立组织中的员工帮助体系，能够有效地促进员工在心理上和生理上的健康发展，有效形成积极健康、乐观向上的组织文化，增强员工的凝聚力和归属感，从而增强组织的核心竞争力，在现代市场经济的强风巨浪中屹立不倒	建设健康型组织，需要组织行为学和人力资源管理的理论指导，只有在认识上抓住了实质，才能建设创新融合的文化，增强组织的核心竞争力
建立起一支高素质的员工援助专业人员队伍	高素质的员工援助专业人员队伍，就像是一个组织中的灵魂工程师，随时关注员工的身心健康，及时发现和诊断员工可能存在的心理问题并给予及时的帮助和指导，帮助员工排解来自于工作和生活中各方面的压力和负面情绪，使员工始终处在积极健康的心态和情绪中工作，从而产生高于一般企业的工作绩效。高素质的员工援助专业人员队伍也是中高层干部的指导者，专业人员可以帮助管理者学习相关的知识和技巧，在管理过程中和员工建立良好的工作和人际关系，帮助组织提升管理效率，从而提升整个组织的绩效水平	建立一支高素质的员工援助专业人员队伍，配合政府和行业协会加强职业资格认证和市场监督，在中层管理干部和员工中普及健康型组织的管理理念和服务技术

第二节　解码组织 DNA：组织发展与人才管理的新视角

　　每个企业都有属于自己的 DNA（基因），就像生物 DNA 一样，各个不同，大到能对公司经营业绩造成影响，小到员工工作环境或流程细节也会受到它的支配，就像是一个无形的指挥棒。要想优化或改良企业组织 DNA，就要为组织设计有效的人才管理解决方案，并在方案实施过程中让员工与企业共赢，提升企业的凝聚力和战斗力，这也是互联网时代组织发展与人才管理的新理念。

1. 为组织发展设计有效的人才管理解决方案

要想搭建基于组织发展的人才管理体系，不仅要以战略需求、组织发展为制高点和出发点，还依赖于公司制度和文化环境的支撑。世界杰出华人管理大师杨国安曾在《组织能力的杨三角》一书中提出过一个关于组织发展的公式：企业绩效＝正确的战略×合适的组织能力。将这个公式运用到实践中，就是从业务发展需求分析，到解决方案的方法论设计与实施，再到效果评估与持续改善，形成一个闭环。

首先我们一起来解读这个公式。组织的发展必须要靠绩效说话，要想获得好的绩效首先一定要确保战略是正确的，雷军说过的"不要用战术的勤奋掩盖战略的懒惰"就是这个意思。那么，如何评价战略是否正确？用互联网思维来看这个问题就很简单：能否提供极致的产品来尽可能地满足用户需求。

企业存在的价值就是创造顾客的新需求。企业开发的产品不是给自己用，而是给用户用，让用户爽才是最重要的。所以企业制定产品战略不能凭自己的喜好做产品或者是简单地模仿竞品，以用户为导向在模仿中创新产品设计、品质与用户体验，甚至商业模式，才是有效的正确战略。

合适的组织能力，包括合适的员工能力、员工思维模式、员工治理方式。通俗地说，就是打造一个高效的团队。一个高效的团队是由优秀的领导者、有效的组织模式以及具备组织发展所需核心能力的团队成员构成。因此，组织发展所需的人才管理解决方案主要包括以下三部分：

（1）关键核心人才决策。确保领导业务团队的关键核心人才是胜任的。

（2）组织模式设计。组织模式一定要能支撑业务战略的实施，通常分为两种组织架构：产品项目制或大客户项目制。前者，主要是为目标用户的具体需求提供不同的产品；后者，则是向客户提供全面的解决方案。虽然主要内容不同，但不管是哪类组织模式，都要在公司层面做好横向的资源协同，成立协同部门；在激励方式上，各项目负责人的业绩都要与公司整体绩效挂钩，实现不同业务单元的发展平衡，加强团队合作。在组织模式设计领域，要具体业务具体分析，同时还要设计出新的、有效的组织模式，重视组织转型——组织变革或组织重建。进行组织转型，领导者要率先垂范、推动组织环境改变、重塑紧迫的组织氛围，逐渐完善和改变员工。

（3）核心能力的人才队伍建设。人才队伍建设流程分为人才能力盘点、人才能力差距发展、人才考核与激励。

第一，人才能力盘点。进行人才能力盘点并不需要太复杂的工具，只要能够让业务团队听得懂、看得明、学得会即可。首先，解构出组织业务发展需要的关键岗位，比如，互联网教育公司的核心岗位是产品设计、产品开发、产品运营、课程内容、销售五大类。其次，将组织发展所需的关键岗位专业能力进行有效分级，如可以分为以下六级：助理、普通、资深、骨干、专家、首席。再次，各级管理者进行关键岗位的员工能力定性评级，定性评级以总经理的核定为准。最后，盘点各业务发展所需的每类关键岗位的目标层级人数与实际层级人数的差距，比如：A 产品，产品设计目标人才数量为：助理 2 人、普通员工 1 人、资深员工 1 人、骨干 2 人、专家 1 人，没有首席；B 产品，产品设计目标人才数量为助理 2 人、普通员工 2 人、资深员工 2 人、骨干 1 人、专家 1 人、首席 1 人……如果确实存在人才缺口或富余，就要根据实际需要，对同类岗位不同业务单元进行人才需求的内部调配与优化。

第二，人才能力差距发展。要想根据人才能力盘点结果，制定有效的人才能力差距发展计划，首先，要找到各关键岗位人才能力发展的牵引动力，设计与专业能力层级对应的宽带工资结构；其次，考核各部门人才能力的达标率，设置相应的奖惩措施，激励各类关键岗位的员工努力自学提升，或参加培训，或加强内部的学习，或激励骨干人员持续做内部分享；最后，明确人才能力差距发展计划的方法，比如外部引进、内部培训，不管怎么样，都要结合业务发展需要制订出有效的人才招聘计划与人才培训计划。

第三，人才考核与激励。通过设计有效的人才考核与激励方案，拉动人才实施公司业务战略与年度的绩效目标。激励方案的设定，一定要保证人才与岗位、团队甚至公司绩效挂钩，也就是说，要为人才测算出其与岗位、团队、公司业绩目标达成后的奖金分配方案。如果最终方案无法让人才直接看到其绩效表现与团队、公司业绩的关系，该方案也就失去了考核与激励的目的。随着薪酬福利的激励创新，还可以将福利与员工努力程度联系起来，比如设置全勤奖、工龄奖，晚上 10 点下班车票可报销，加班累计达到一定数量可在工作淡季享受旅游假期与旅游福利津贴等。

当然，为组织发展设计的方案一定要以业务为导向，要具备支撑组织的业务发展的核心能力，要能正向牵引、推动方案的实施。切记：不以业务为导向的人才管理解决方案都是毫无用处的。

2. 人才管理解决方案落地，重在让员工与企业共赢

为组织发展设计有效的人才管理解决方案是重要的一步，让方案落地则是更重要的一步，其关键在于实现员工与企业的共赢。从许多成功企业的经验来看，让员工与企业共赢的根本在于打造企业文化。企业文化是企业 DNA 内核，打造企业自己的 DNA，就必须塑造自身的文化内核。

借助微信庞大的用户基础、丰富的第三方应用，企业就可以在微信企业号上建立自己的文化家园，塑造自己的企业文化。微信企业号的做法如下：

一是通过知识管理，形成企业的组织智慧。通过微信企业号将公司的规

章制度、产品信息、文化宣传材料放到手机当中，构建企业自己的移动智库，资料随时查阅、实时更新。无论新老员工都能随时随地掌握到最新信息，同时结合微信PC版，资料下载也变得更加方便。

二是通过企业报道，宣传企业的发展动态。如果企业人员分散，企业报道是无法在第一时间通知到所有员工的。借助微信企业号的新闻公告功能，不仅能够让信息及时传达，还能分享给外部客户、举办征稿活动，提高企业影响力。

三是在同事社区建立员工的交流圈子。员工通过同事社区应用可以分享工作经验、心得，表彰优秀员工事迹，建立互相学习、交流、互动的体系，如此不仅能让员工产生更强的归属感，更能因势利导产生相应的企业文化因子。

四是开展"有文化"的企业活动。在唱歌、跳舞、体育比赛、晚会等活动中可以把企业文化的价值观贯穿其中，用企业号组织活动可以方便报名、管理人数，还能借助微信企业号直接收款，活动组织更加方便。

五是通过投票评选，让鼓励和反对意见一目了然。通过互评可以将矛盾摆在明面上，消除分歧，优化工作，表彰先进，净化企业文化。企业号的账号体系是一人一票，问卷投票更公平、更客观。

第三节 组织结构扁平化下人力资源管理要面对的问题与对策

传统金字塔式的组织结构，一般都管理层次多、信息传达速度慢，阻碍了企业的前进步伐，已经无法适应企业发展的要求，正逐步退出企业管理的舞台。组织结构扁平化，很好地适应了现代市场化经济环境，可以有效推动企业人力资源管理体系的优化进程，让企业在严酷的市场竞争中产生较强的竞争力，保证企业稳步、快速发展。

1. 组织结构扁平化在人力资源管理体系中的应用

组织结构扁平化是根据其在组织结构图上的形状而命名的。组织结构扁平化也可称为扁平化管理，简称扁平化，它是一种通过减少中间管理层次、横向加宽管理幅度、减员增效的形式，突破了传统的分工制度和等级制度的扁平式的组织结构。在现代市场经济环境中，组织结构扁平化正在逐步取代纵向层次过长的金字塔式的组织结构。

由于组织结构扁平化具有管理层级少、管理横向幅度宽、权力分散等特点，所以它能够更加灵活地应对外部环境变化，加快信息传达速度，保证信息真实性，有助于管理决策层做出正确决策。同时，因为组织结构扁平化下管理人员少，在一定程度上节约了管理成本，促进企业资金、资源合理化分配。

组织结构扁平化在人力资源管理体系中的意义体现在以下几个方面，如表 5-2 所示。

表 5-2　组织结构扁平化在人力资源管理体系中的意义

意义	进一步解释
提高企业管理效率	组织结构扁平化缩短了企业纵向管理长度，使信息传递速度得到明显提高，并且，由于信息传递的介质减少，保证了信息使用者获取信息的及时性、准确性。信息在企业内部的高质量流通能够让高层管理者及时发现问题、解决问题，并为企业未来发展做出正确的预测、决策，有效地提高企业管理效率
加强企业内部的交流和沟通	在组织结构扁平化下，管理层减少，与传统的金字塔式相比，更便于领导与基层员工之间直接沟通，加强各部门之间的交流，及时获得所需信息，确保信息失真少，准确掌握市场动态和企业生产经营状况

意 义	进一步解释
提高企业人力资源的使用效率	在组织结构扁平化下，由于企业中间层被大幅度精简，人力资源得到更加合理、科学的配置，最终实现人在其岗、人尽其才、才尽其需，既减轻了企业管理费用负担，又充实了一线业务人员岗位，使企业人力资源使用效率得到大幅度提升
激发企业基层员工的创造力	在组织结构扁平化下，宽大的管理幅度使上级不能够对下属基层员工实行密度和力度过高的控制，这就为员工提供了最大限度的自由的工作空间。宽松的工作环境有助于提高员工的主观能动性，最大限度地激发员工的创新精神，从而大幅度提高企业整体气势和生产率水平
提升企业形象，增强企业竞争力	组织结构扁平化突破了传统的等级制度森严的组织结构，使人员配置更为合理化，信息流通速度更快、质量更高，进而推动企业更为快速、灵活地应对变化，解决客户提出的问题，及时做出正确的预测和决策，从而增强企业在市场经济中的整体竞争力

2. 组织结构扁平化下人力资源管理要面对的问题

组织结构扁平化，最早提出于 20 世纪 80 年代末，诞生时间短，经验少，发展还不成熟，管理精力分散，工作负荷重，协调难度大，管理层对基层员工的素质要求高等，所以，在应用期间还存在一些问题。人力资源管理要面对如下挑战，如表 5-3 所示。

表 5-3 组织结构扁平化下人力资源管理要面对的问题

问 题	进一步说明
挑战传统管理模式，改变组织结构	与传统的金字塔式的组织结构模式不同，组织结构扁平化强调以团队为基础、以工作为目标而进行的组织构架，员工只会一种技能已经不能够满足工作的要求，而是既要精通本工作的技能，又要了解行业的相关知识，并且能够具有团队意识
企业需要更多高素质人才	由于组织结构扁平化管理层次少、管理幅度大，这就意味着领导者所领导的下属规模增加，工作量增大。这就对企业中各级工作者的素质提出更高要求，要求员工具有较强的责任感和较高的工作能力。企业员工要通过不断的学习、拓展思维来提高自身素质，以便适应更多、更艰巨的工作

续表

问题	进一步说明
薪酬管理制度的变化	由于组织结构扁平化下企业对高素质人才的迫切需求，人才争夺战正在进行，先进、合理的薪酬制度是争夺战的致命武器。旧的薪酬制度是按照严格的等级层次来限定薪酬标准的。组织结构扁平化下企业层级减少，员工晋级机会少，薪金等级提高的机会也随之减少，严重损伤了员工工作积极性，并且造成人才外流状况。企业必须突破传统的薪酬模式，拉大同一层次员工薪酬差距，扩大同一层次员工薪酬提高空间，保证薪酬制度对员工工作积极性的激励作用，并提高员工对企业的满意度
基层员工晋级机会少，人才流失	在组织结构扁平化下，企业管理层减少，中间管理层消失，员工晋级渠道变窄、空间变小，使得企业管理岗位变少，岗位竞争激烈。如果企业长期处于晋级岗位短缺的局面，将会极大程度地引起员工满意度下降和消极工作态度。另外，优秀的员工不能在企业内部得到足够重视，将会另谋发展，进而造成企业人才流失，企业将面临人才短缺的局面，直接影响人力资源的稳定性，不利于企业健康、高速、稳定地发展

3. 组织结构扁平化下人力资源管理体系发展的建议

在组织结构的改革进程中，机遇与挑战并存，为使组织结构扁平化的优势得到最大发挥，解决存在的风险，使改革到达预期效果，针对组织结构扁平化下的人力资源管理体系发展提出以下几点建议，如表5-4所示。

表5-4　组织结构扁平化下人力资源管理体系发展的建议

建议	进一步说明
招聘高素质人才以满足组织结构扁平化下人力资源管理体系发展的需要	人才是企业提高自身竞争力的核心力量。在组织结构扁平化下，企业迫切需要的是具有多项技能、责任心、较强抗压能力和团队意识的复合型人才。笔试、面试的自主招聘手段已经满足不了企业的用人需要，企业可以采取多元化的招聘手段。企业可以通过心理测试、小组讨论、第三方联合招聘等手段，选出高素质的人才，安排在适合的工作岗位上

建议	进一步说明
加强企业原有员工的培训工作	老员工对企业了解全面，技术上专注原工作岗位，能够更好地融于团队。企业对固有员工的培养可以坚定员工对企业的信心
科学、合理地为员工职业生涯开辟道路	企业可以为员工开辟水平晋级、网状晋级、多阶梯晋级等晋级路径。水平晋级路径是指在组织结构扁平化下，对员工进行多区域、多部门的横向调动。网状晋级路径是在水平晋级路径的基础上，对员工进行横向和纵向交叉调动，减少晋级职位的堵塞下降，一定程度上提高员工对企业的满意度。多阶梯晋级路径是指将员工按照管理型、技术型等不同类型进行分类，设计平行晋级制度。多元化的员工晋级方案拓宽了企业员工的职业道路
改变薪酬管理系统	建立与绩效制度相结合的薪酬制度，即按劳动量分配所得。在同一级别上，薪酬分配制度会依据员工的个人劳动贡献得到相应的报酬。另外，企业还应该实行宽带薪酬制度。为了与组织结构扁平化相结合，宽带薪酬取消了团队的薪酬等级，拓展了相同级别上横向薪酬的垂直空间，使员工有机会提高薪酬

　　组织结构扁平化，既是未来企业人力资源管理体系发展的必经之路，也是组织结构改革的必然趋势。这种组织形式虽然可以推动企业人力资源管理体系的优化发展，但是前进的道路上依然充满了挑战与困难。为了保证组织结构变革达到预期效果，管理者必须提高警惕，采取积极、有效的措施。

第四节　扁平化组织中晋升机会与员工诉求的解决方法

　　组织的扁平化，会让企业以市场和客户为导向，消除官僚主义，但组织层级数量的减少还会带来员工职级层次数量的减少。职级，是员工晋升发展的里程碑，减少了层次数量，员工晋升发展机会就会相应减少。因此，组织扁平化会直接引发组织晋升发展机会的减少与员工晋升发展诉求的增加之间的矛盾。现实中，这种矛盾与冲突在一些扁平化高科技公司已经出现。

那么，问题来了——在组织扁平化过程中，如何解决组织晋升发展机会有限与员工晋升发展诉求增加这两者之间的矛盾呢？这两者的矛盾在本质上源于先进的组织架构与落后的人才发展体系之间的矛盾。在组织变革过程中，公司高层或组织发展从业者们往往专注于组织架构的调整，却忽略了对配套的人才发展体系做出相应调整。许多人力资源管理专家指出，组织在进行扁平化架构调整的同时，需要针对不同员工群体的发展特点，适时对组织的人才发展体系做出相应调整。

1. 专业人才：划小职位层级，赢在小步快跑

进行扁平化组织设计后，被压缩后的职级体系会打破员工工作间的等级观念，减少管理成本，使员工和企业更加聚焦于市场与客户。可是，有限的晋升空间也会对人才保留与激励造成负面影响，对于知识型员工或薪酬达到一定水平的员工更是如此。因此，企业要充分考虑专业型员工的管理特点，在被压缩后的职级体系基础上，将每职级细分并划小为不同等级，及时激励与认可专业人才能力的提升，让员工获得"小步快跑"式晋升的成就感。

当前，这一实践在国内一些互联网公司与高科技公司已经存在。下面来看看腾讯公司和华为公司是如何细分员工各任职级别等级的。

腾讯将专业人才的职位层级由低到高划分为六个等级，从一级到六级依次包括初做者、有经验者、骨干、专家、资深专家、权威。同时，根据管理需要，每个级别由低到高又分为三个子等，即基础等、普通等和职业等。

华为公司依据特定任职资格标准、员工在工作中的表现、员工胜任能力的达标程度，将任职资格的每一级别由低到高划分为预备等（D）、基础等（C）、普通等（B）、职业等（A）四个等级。其中，职业等（A）任职者工

作表现表明，其职位胜任能力完全达到相应任职资格标准的所有要求，并且长期表现一贯如此，在相应岗位上其业绩优良，是任职资格标准达标的最高程度；普通等（B）任职者工作表现表明，其职位胜任能力达到相应任职资格的全部关键要求，并且长期表现一贯如此，在相应岗位上其业绩优良；基础等（C）任职者工作表现表明，其职位胜任能力基本达到相应任职资格的关键要求；预备等（D）任职者工作表现表明，其职位胜任能力大部分达到相应任职资格的关键要求。

2. 管理人才：整合发展通道，创造发展机会

职业发展"双通道"，对国内企业来说，早已不是一个新概念。在"双通道"体系下，员工可以自由选择，既可以根据自己的兴趣和特长，走管理线，通过承担更多责任实现晋升；也可以走技术、产品或市场等专业线，提升岗位技能和经验，成长为某个领域的专家。

阿里巴巴的岗位主要分为两类：专业类 P 系列和管理类 M 系列。"P"（Professsional）的中文意思是"专业人员"，"M"（Manager）的中文意思是"管理人员"，这些构成了阿里的职位类别和职位等级，同时形成了员工的职业发展双通道，鼓励有志于走专业路线的人在专业道路上努力前进，最终成为首席科学家，提高收入水平。

阿里巴巴的专业类 P 系列主要分为 14 个级别，从新人到首席科学家等。P3 及以下多为新人或助理、P4 是专员、P5 是资深专员、P6 是高级专员、P7 是专家、P8 是资深专家、P9 是高级专家、P10 是研究员、P11 是高级研究员、P12 是科学家、P13 是首席科学家、P14 是马云。

阿里巴巴管理类 M 系列的级别从 M1 到 M9，P 级和 M 级可以实现对等，员工的职业发展选择更灵活。M 级与 P 级的对应关系如下：M1＝P6、主管 M2＝P7、经理 M3＝P8、资深经理 M4＝P9、总监 M5＝P10、资深总监 M6＝

P11、副总裁 M7＝P12、资深副总裁 M8＝P13、子公司 CEO 或集团其他"官"M9＝P14。不同的子公司，设定的 P 级标准不一样，比如 B2B 企业普遍 P 级较高，薪资水平却低于天猫子公司的同级人员，且只有达到该 P 级，员工才能享受到公司的股权激励。

从本质上来说，企业设计"双通道"，就是为了给"不当官"的员工一个盼头，消除"千军万马走管理独木桥"的弊端。如今，在"双通道"体系落地过程中，很多企业做法死板，让"已当官"的管理者无路可走——将"管理通道"与"专业通道"彼此分离，非此即彼，员工只能选择其中一条通道发展。

扁平化组织中的管理职位因层级削减而减少，如果组织正处于发展的成熟期或衰退期，业务增长缓慢而无法给下层级管理者提供更多的"位子"，这种做法就给当前的管理者设定了一层发展"天花板"。因此，对于管理者，扁平化组织要将管理通道和专业通道有效整合到一起，在管理通道发展的同时，也要同时选择其中某一序列的专业通道发展，如此，才能解决当前管理者的发展瓶颈问题，并引导其在管理工作中不断提升专业水平，避免由非专业人员管理专业人员带来的管理风险与决策风险。

3. 全体员工：更新发展理念，丰富职业经历

无论是划小职位层级，还是整合发展通道，这些做法都是在解决组织中不同类型员工的纵向晋升问题。对于任何一个组织来说，其能够为员工提供的晋升资源不是无限的，终有一天将会枯竭。对于任何一位员工来说，无论在任何组织中成长和发展，其终将有一天会面临向上晋升空间受限的问题。因此，无论是组织还是个人，如果仅依靠纵向晋升来解决职业发展问题，都将走向职业发展这一命题的"死胡同"。因此，为了走出困境，组织需要帮助员工更新发展理念，创造职业经历丰富化的各类机会。

在职业发展理念的更新上，组织需要帮助员工认识到职业发展不仅仅是职级晋升，职业发展在本质上是能力的发展。横向发展、职责扩大或完成延展性项目等都是一种可取的职业发展机会。这些机会不仅能够帮助员工拓宽工作经历，丰富工作经验，而且还将再次激发员工的工作热情与创造力。

值得强调的是，仅依靠理念的宣贯是无法促使员工行为发生改变的，要想让更新后的职业发展理念在企业生根落地，就要设计一系列配套制度。在晋升制度设计上，可以将轮岗经历及关键经验获取作为员工下一步晋升的加分项；在薪酬制度设计上，要更加"以人为本"，由"基于职位付薪"变为"基于绩效和能力付薪"，让员工在现有的岗位上不断提升绩效，让员工在相关职能领域的岗位轮换上不断提升能力，有机会获得更高的薪酬回报。

华为提倡干部"之"字形发展，不到三年就要进行岗位调整，比如研发的去市场、去供应链，再到采购，必须经过多个业务领域的历练。华为加强干部"之"字形成长制度建设，从成功实践中选拔优秀管理者，破除地方主义和部门利益，值得借鉴。

需要说明的是，以上三方面调整仅是组织对未来人才发展体系的调整路径。在实际操作中，组织需要首先识别出当前人才发展领域所面临的痛点，在综合考虑企业发展阶段、内部资源准备度等各方面因素和条件之后，再选择其中的一个或两三个方面做出调整，进而产生"四两拨千斤"的效果。

第五节　构建人力资源管理的扁平化
组织"五力"体系

人力资源管理"五力"体系是以波特的五力竞争模型为基础建立的，是根据人力资源管理活动的各种功能，围绕获取、开发、保持、激励、整合五个方面形成的。波特认为，任何一种行业都存在着五种竞争作用力，企业的竞争环境源于企业在行业内同这五种竞争作用力之间的相互关系。我们在"五力模型"的基础上，结合企业扁平化组织结构给人力资源管理带来的困境和推动作用，对其模型进行改良，构建如图 5-1 所示的人力资源管理"五力"体系，并对其进行分析解读。

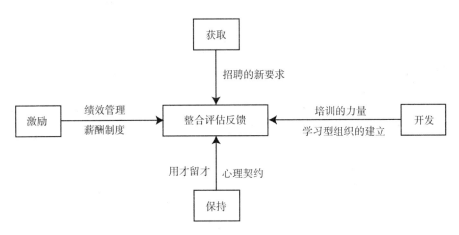

图 5-1　优化后的人力资源管理"五力"体系模型

1. 获取：招到合适企业的人才

获取，即企业为了得到合适的人才进行的招聘活动。扁平化组织对人力资源素质各方面的要求都很高。团队是扁平化管理的组织基础，扁平化组织的运作核心就是通过团队式的管理，不断释放整体知识能量，进而实现企业价值创造空间的创新和拓展。

扁平化组织需要的人才应该具备以下几个素质：①知识面广泛，掌握多种工作技能；②具备团队协作能力和团队精神，能够很好地与他人沟通合作，以团队目标为导向；③具有决策能力，既能在上级的指挥下工作，也具备自主管理、自主决策的能力；④具备快速的自我学习能力，既能快速接受企业培训给予的知识，也能主动通过学习来弥补不足。

2. 开发：企业对员工的培训与开发

在扁平化组织中，人力资源是组织的第一资源，而人力资源的本质就是凝聚在企业决策层和员工身上的观念、知识、信息和技能等。扁平化组织的充分授权，让决策中心下移，扩大了下属自主权，对人力资源的素质要求也相应提高。因此，企业应将教育培训确定为企业长期发展的战略性任务，加强学习型组织建设，形成制度，通过各种有效的形式对员工进行全方位、持续性的教育，不断提升其素质能力，鼓励终身学习。通常，可以通过以下四方面来建立适合扁平化组织结构的创新型培训与开发体系，如表5-5所示。

表5-5　企业培训与开发的策略

策略	进一步说明
以员工的能力建设为核心	为适应组织结构扁平化和网络化的发展趋势，企业必须拥有一支高素质的员工队伍灵活地应对市场环境的变化。这就要求企业开发员工潜能和职业能力，并作为员工培训与开发的核心。以员工能力建设为目的的培训与开发体系对企业的核心要求是：注重培养员工个体自我发展的能力和意识，尤其是知识和技能开发及其素质的提高，使员工形成自我指导式的学习；不断创新员工开发的组织机构与管理模式，提高员工开发的整体能力；将寻求学习机会的任务交给学习者本人，学习者自己分析需求、设定目标、确定资源，决定学习方法和进度，并最终评价结果

续表

策略	进一步说明
以全方位、持续性为要求	在组织结构扁平化下，简单的技能培训已经不能满足工作的要求。因此，企业的培训计划要具有持续性和全面性，培训要伴随着员工的成长和企业的发展。企业应该注重以下几个方面：一是丰富培训的内容，培训不仅要包括岗前培训、单一技能培训，还要包括自我学习能力的培训、团队协作能力的培训、管理与决策技能的培训和工作所需新技能的培训。这是一个持续性的过程，企业应该根据员工工作的变化进行适时培训。二是拓展培训的形式，不仅包括传统的课堂讲授、讲座形式，还可进行视频培训、情景模拟、角色扮演、案例研究等多种方式，在此过程中进一步鼓励员工参与的积极性。三是提高培训师的素质，培训不仅要讲数量更要讲质量，而培训师的好坏是影响培训效果的关键因素之一。企业可以从外部寻求好的培训师，也可以在内部培养
以 E‑Learning 为模式	传统以知识和技能传授为主的培训已经无法满足企业培训的需求，企业员工培训与开发更要适应网络化、信息化的趋势。企业需要逐步采取基于计算机和互联网技术、以人为中心的 E‑Learning 新模式。E‑Learning 能为员工提供更好的服务：实现异地异步的培训与教学，有效地解决受训者和培训者时间和地点冲突的问题；充分利用现有的网络技术，从文字、声音、图片、动画、影像等多方位刺激受训者，提高学习效果。企业利用 E‑Learning 的整合服务和解决方法，可帮助企业形成完整的员工培训、学习、服务、反馈、提高、再培训的密闭链，加速业务知识和信息在企业整个价值链中的传播和共享，以提升企业的竞争力
以"学习型组织"为目标	实践证明，建立了"学习型组织"的企业是最具竞争力的。建立"学习型组织"的途径如下：首先，要建立学习型企业文化。其主要途径是组织学习，包括四个方面：一是帮助员工自我超越，二是建立共同愿景，三是支持团体学习，四是训练系统思考。其次，要做好知识管理。知识管理是指组织为了获得持久的竞争力，对各种相关的知识资源进行开发、传递和利用的过程。企业的知识资源大体可以分为三类：第一类是组织内部员工个人的知识，包括他们的学习成果、见闻见解、关系网络、经验教训等，需要建立知识共享平台，企业要经常整理并鼓励员工间的交流；第二类是组织内部的各类文档资料，需要实行开放式管理，最大限度地实现组织内共享；第三类是组织外部的信息和服务，需收集、筛选、存档、利用，分析外部环境的机会和挑战，获取相关资料，相应调整企业战略，领导市场潮流。这三类资源在任何组织都是存在的，只不过有的得到了充分的开发利用，有的仅处在收集和重复的状态

3. 激励：调动员工积极性

激励对于调动员工的积极性有着极为重要的影响，受到充分激励的员工会更加努力地工作，发挥出巨大的热情，为企业创造更多效益。激励不仅仅直接作用于个人，而且还间接影响其周围的人，形成一种良好的气氛，增强企业的凝聚力。人力资源管理者应该充分认识到传统的激励方式明显不适应扁平化组织，应采取适合扁平化组织结构的激励方式。

4. 保持：企业用才和留才的艺术

"保持"主要表现为企业用才和留才的艺术，运用得好，能为组织培养出更多的优秀人才，有效避免优秀人才的流失，提高员工的工作满意度，实现员工对组织的强烈归属感和对工作的高度投入。

作为一种新型组织，扁平化组织是动态的，反应灵敏，决策迅速。在这种组织结构中，很多东西都发生了改变，充分认识员工心理契约的变化，有助于工作的开展。在这种组织里，员工的心理契约在很多方面都发生了显著变化，人力资源管理者必须针对员工心理契约的变化，制订出相应的人才培养计划。

在对员工的管理过程中，除了关注报酬、晋升、培训与发展这些层面外，还应做好以下两个方面的工作，如表5-6所示。

表5-6 企业培训与开发的策略

策略	进一步说明
鼓励员工参与管理和自主决策	组织结构扁平化下，由于管理跨度的增大，管理者必须进行权力的下放，才能使工作更有效率地完成。这时候管理者就要支持并鼓励下属员工自主管理、自主决策，员工可能在最开始需要上级的指导，但在适应之后对员工个人和组织的发展都极其有利。一方面，管理者可以将有限的时间和精力集中在更重要的事情上；另一方面，下属员工通过参与管理、自主决策不仅能充分运用其自身掌握的知识，还能感到被重视，被充分调动工作积极性，并可以快速成长

续表

策略	进一步说明
做好员工的职业生涯规划	通过企业员工职业生涯开发与管理，充分调动各级管理人员的积极性、创造性，创建一个高素质和高效率的企业团队，进而形成企业发展的巨大推动力，是组织留住人才的最佳措施。帮助员工设计制订出既符合个人发展需要又符合企业发展需要的个人职业发展计划，同时帮助员工逐步实施这一计划，如提供培训机会、岗位晋升机会等。这样，通过员工职业生涯规划管理，可以有效地引导员工的个人学习、工作热情，使员工的个人奋斗行动与企业总的目标和发展计划相结合，最终达到员工个人发展及自我实现与企业长远发展的互动双赢

5. 整合：整合资源，提高组织整体效益

在组织结构扁平化下，更多的工作以团队的形式出现，组织中的个体无法产生最大的效应，这就需要整合企业现有的人力资源；同样，单个的职能改善无法使整个人力资源管理体系优化，这就需要通过整合组织内的资源来达到组织整体效益最高。

整合包括以下两个方面：一是整合现有的人力资源，通过团队式的管理，鼓励团队学习、团队协作，不断释放整体知识能量，进而实现企业价值创造空间的创新和拓展；二是整合其他"四力"，使获取、开发、激励、保持同时优化，并保证执行到位，还要定期对整个人力资源管理"五力"体系进行评估反馈。只有有效的整合，才能使新的人力资源管理"五力"体系适应并支撑扁平化组织的发展。

需要强调的是，为了使优化后的"五力"更适应组织的发展，还要做到以下两点：首先，企业要转变等级观念。扁平化组织减少了纵向晋升途径，而这种途径却是传统企业中员工看重的，人力资源管理要促使员工树立起追求技能发展和绩效贡献的思想，淡化职位等级的概念。其次，以工作单元为基础来设计工作。扁平化组织的基础，并不是建立在工作岗位的固定化和工作职责的清晰界定上，需要沿着组织的运作流程，以自主结合与自我管理的团队或小组为运作基础，对工作进行重新整合，进行工作单元设计。

第六章

用创新思维构建人力资源生态圈的五大要点

随着经济的发展，企业的人力资源管理越来越现代化，管理制度也越来越完善、健全，但企业人力资源管理仍然存在着很多制度框架无法解决的内部深层次矛盾，"潜在"问题正在削弱着人力资源管理效能。因此，这就需要人力资源管理者与企业高层决策者共同努力，在管理机制创新、领导力建设、能力管理、内在激励、激发人性向善等方面下功夫，不断创新打造人力资源生态圈。

第一节　从技术创新到体制创新：理顺责权利，进行管理机制创新

很多企业虽然有着先进的人力资源管理技术和制度，但很难落地，典型表现为：各级管理者缺乏执行动力，甚至反其道而行之——忽视了既有规章制度，奉行人力资源潜规则。之所以会出现这一问题，主要在于，企业人力资源管理没有进行体制创新。

1. 人力资源管理面临的责权利问题

与国家体制是关于国家政治权力结构的安排类似，人力资源管理体制就是企业中各级管理者在人事方面的责权利安排。很多企业对各级管理者责权利的安排没有理顺，导致人力资源技术和制度层面的方案很难推动和实施。

第一种情况，责任大权力小。一些企业决策者总是要求负责人为整个企业或部门业绩负责，但在具体的人事安排上，该负责人连选择和配置副手的权力都没有，有些甚至还无权对副手进行绩效考核。如此，副手就会跟部门或负责人对着干，削弱负责人的领导力和团队战斗力，消耗掉人力资源的价值，人力资源制度也会变得形同虚设，毫无价值。

第二种情况，权力大责任小。一些企业或部门负责人的权力非常大，其可以决定提拔谁、任用谁以及如何分配各种资源，却不用为用人不当带来的不良后果负责，最后留下一个烂摊子和一群裙带关系提拔上来的人，自己依然高升走人。

第三种情况，责任大利益小。人力资源变革通常会涉及不同群体的切身

利益，管理者需要承担人力资源变革的风险。可是，管理者的薪酬、职务晋升等切身利益却没有跟改革联系起来，管理者也就不会冒风险推动人力资源改革了。

如果真正想利用人力资源管理技术推动企业的创新和进步，首先就要理顺各级管理者在人力资源上的责权利，让管理者有动力去追求更加精细化的人力资源管理技术。反之，再好的人力资源技术和方案，也会形同摆设。

G公司招了一个项目经理，姓刘。刘经理对大多数硬件或软件技术都能应用自如，在人与人的沟通方面，也有一套，能把客户的心留住。管理上，刘经理把项目管理得井井有条，基本能按时、按质完成。不可否认，刘经理确实是该工作岗位上难得的人才。

可是，由于公司运作的层次比较多，不容易让高级领导看到和赏识，公司只着重考核个人的岗位绩效，而项目部也不受关照，项目部的最高绩效只有1.0，而业务部门的最高绩效可以达到3.0。再有，公司高层比较信任老员工，认为老员工经验丰富、忠于公司，公司能取得今天的成绩，跟他们不无关系。可是，对老员工的过分依赖和盲目信任，严重打击了有冲劲、有创造力、有朝气的新员工。

就拿这个新招的能里能外的项目经理刘经理来说，为了提高项目上的工作效率，减少公司内部烦琐的审批流程，刘经理很想从公司要一些小实权，比如200元以下的费用不用先到公司审批再使用，直接由他自由支配，加起来超过2000元，再一起填写费用报销单申报。但这个简单而合理的要求，只到部门职能经理处就卡住了。理由很简单，公司没有这个先例，不能像业务部门那样，费用随机使用，现场费用不够是你自己的计划没有做好。知道部门经理不同意，刘经理就直接通过电子邮件将建议发到一些高层邮箱，但最后得到的答复是：先找部门经理商讨，然后一起拿一个更合理的建议。这种答复，等于他的建议没用。

公司知道刘经理软、硬件的技术不错，也有一定的口才，让他在业务员中找到信息，如果客户有一定的意向后，就加到项目中，与业务员一起去制定方案和攻关。从项目管理的角度来说，这确实是一件好事，但经过一段时间的相处后，刘经理觉得很累，工作明显在增多，从方案设计、客户沟通，到实际现场施工都需要他出面，而工资及提成却没有质的变化，加班费倒是多了不少。

刘经理与业务员接触多了之后发现，一起攻关的项目成功后，业务员拿的奖金比他还拿的多（高达7倍之多）。他觉得自己在项目上付出的努力绝不比业务员少，甚至要多于业务员，为什么拿的比他们少？刘经理找到部门经理，部门经理首先肯定了他的工作成绩，解释说：业务员的底薪比较低，只靠奖金吃饭，分成比例是公司定下来的规矩，无法立刻改变，只能向上级反映一下，让他先做好本职工作，等待上面的答复。一个多月过去，领导没有给出有效的答复，问题不了了之。

刘经理在公司工作半年多，认为在公司得不到应有的认可和奖励，觉得很压抑，从积极进取到默默无闻，最后不开心地离开了公司，留下无限的遗憾。

其实，促进团队开发一个重要的手段就是使用奖励和认可制度。管理层对团队协作进行奖励，员工就会更加有效率地工作。在项目中，领导可以把为了实现富有挑战性的目标而愿意加班的员工和那些愿意帮助同事的员工重新组织起来，给予他们一定的奖励。如果公司能给该项目经理多一点权力，使他在实际的施工过程中得到更多的可支配权，既能提高项目经理的工作效率，也能满足他个人的权力支配欲望。如果在认可了他的工作成绩后，适当提高他的提成比例，他多半会工作更加努力、更加积极进取，即使该提成比例实施的日期是下个月，甚至下个季度。因为他觉得，自己已经得到公司的认可，个人意见得到了领导的尊重。从这个例子不难看出，"责、权、利"是一套平衡的关系，正确处理好，公司就会像法拉利跑车一样，在竞争和风险高居不下的环境下高速前进。

2. 建立驱动创新的人力资源管理机制

员工对于薪酬提升有了新的要求，正在倒逼中国企业改革，国家经济增长方式和产业结构升级的要求也明确给出了创新的方向。更重要的是，知识经济时代的社会财富生产方式正在发生巨大变化，中国企业已经无法"躺在低劳动力成本的安乐窝里睡觉"。

未来，中国企业的发展方向是：吸引和留住最优秀的创新型人才、激发人才的创造热情、进一步释放创新型人才身上隐含的巨大生产力，企业要建立一套驱动创新的人力资源管理机制，重视人才的创新潜力和工作动机，有效地对创造型人才进行薪酬激励和股权激励，努力营造一种团队合作和知识分享氛围，鼓励人才工作创新和内部创业，在组织内部形成一种安全气氛和创新气氛。

第二节　从制度建设到领导力建设：加强人力资源领导力自我建设

人力资源管理一旦出现问题，尤其企业的管理者第一反应就是人力资源管理方案出了问题，觉得方案太糙、不够量化和细化，甚至还会要求方案制定者把方案量化、细化到员工找不出毛病、心服口服的程度。其实，任何人力资源管理方案或多或少都存在问题和缺陷，任何方案的推进都会有人支持有人反对。以绩效考核为例，如果管理者领导力强，无论采用哪种绩效考核方式，无论绩效考核的结果是拉开收入差距还是实现平均分配，都可能调动员工的积极性；如果管理者欠缺领导力，无论采用哪种方案，都有可能遭到员工的激烈反对，让方案无法执行下去。

人力资源管理方案能否顺利执行下去，除了方案本身是否合理，在很大程度上还取决于管理者的领导能力。换句话说，如果人力资源管理制度执行不下去，很有可能是各级管理者的领导力出了问题。与其将过多的精力投入到方案的细化、量化中，不如考虑如何提高企业各级管理者的领导力，尤其是加强人力资源领导力的自我建设。

1. 人力资源领导力的内涵

什么是领导力？所谓领导力，就是转变他人的思维方式，激发他人的行动，并以此来成就事物的能力。在人力资源范畴内，管理者的领导力根本是以人为本的人力资源发展能力。

人力资源领导者的职责是制定并实施有关管理办法和策略，为组织建立能够维持企业文化的人员和人事政策，使员工行为更加符合组织规范，使成员的目标与组织目标保持一致，最大限度地保证组织获得成功。具体工作包括：提升高层人才管理理念、加大改革魄力与决心、提高中层管理者的人力资源执行力、提高人力资源部的知识水平与流程优化能力等。

未来企业需要加快推进各级管理者的人力资源领导力建设，依托人力资源管理进行制度创新和完善机制，关心员工需求、提升员工素质、激发员工潜能等，实现员工与企业共同发展的基本目标。

2. 人力资源领导力自我建设的途径和方法

在人力资源管理实践中，人力资源领导力发挥着重要作用。有这样一个

案例:

经历了 20 世纪 90 年代的重大变革,澳洲国家银行意识到自己领导能力的不足。银行行政总监 Donald Argus 与人力资源部门认为,应该高度重视领导力发展,于是制定了教育课程,主要包括六大模块:三项自学练习系列;一天的介绍性研讨会;六天的脱产工作讨论会;着眼于理解银行面临的竞争问题的团队学习项目;总结性研讨会;以校友网络和经理人反馈形式开展的几项跟进活动。

课程开始前三四周,学员接到将在自己身上实施的任务。作为背景材料,他们得到课程的概述、领导力方面的读物和录像以及银行的全球战略安排。研习过这些材料后,他们要回答一系列有关领导力的书面问题,并指出材料中的观点跟现实工作环境的不符之处。这种预习有几个目的,首先,设计者希望挑战学员的学习环境概念;其次,他们希望学员开始对先前有关领导力的概念提出挑战。

工作讨论会本身是围绕四个学习目标建立的,即银行面临的战略问题、领导能力、人际关系和团队工作。其中,学员的领导风格和团队工作最受重视。学员们把课堂讲座与体验练习相结合,并且运用学习刊物创建论坛,有组织地讨论工作中学到的知识。工作讨论会结束后,在世界各地举办一天的总结性研讨会。在各个地点举行两小时的电视会议,让学员能够彼此沟通,行政总裁在场提供支持。研讨会有两个目的:其一,让团队有机会跨国界合作,思考并分享他们的经验;其二,提供了一个论坛,让大家在正式项目结束时确定未来的行动。

澳洲国家银行是精心设计个人发展规划的范例。在与课程的领导力模型相关的能力方面,学员得到结构明晰的全方位反馈,强化了课程内容;预习和思考练习鼓励个人更深入地思考自己的领导者角色;学习经历分布于若干阶段，而不是集中于一次工作讨论会。这就让学员有更多的时间在工作中思考并结合所学的各种知识。

　　人力资源管理者在实践过程中，要全面推进领导人员管理制度创新，完善岗位配置与层级体系，强化绩效与薪酬管理以凸显激励作用，优化成长环境以促进人才发展。这些工作要想取得理想的效果，除了企业这个外部条件提供支持外，管理者自身的领导力建设尤为重要，必须为此做出新的努力，具体包括以下几方面内容，如表6-1所示。

表6-1　人力资源领导力自我建设的途径

途径	进一步说明
增强自信	"自我实现预言"是指那些完全出于想象且成为现实的信念，它可能发生在一个组织的任何层次，积极有效地利用"自我实现预言"对于人力资源管理是极其有益的，人力资源领导的自信可以给员工以感召力，并成为其影响力的源泉
充分发挥共同愿景导向能力	由于受思维定式的影响，人们往往低估自身的能力，所以他们需要别人的"帮助"来想象自己有较强的能力，并在"自我实现预言"的驱动下，激发出他们的潜能，而这种"帮助"正是人力资源领导的重要职责，与这种"帮助"相关的资源的拥有也是人力资源领导的比较优势所在。"帮助"是人力资源领导施加其影响力的主要方式，而共同愿景导向则是"帮助"的切入点 共同愿景阐述了人们希望达到什么目标，是组织成员就所能达到的理想未来所形成的概念。共同愿景是一种我们渴望达到却又永远无法企及的状态，每当我们行将实现当前的构想时，由于我们又获得了新的可能性，这个构想便成为更具挑战性的新的构想。因此，共同愿景给人以希望，促使人们去争取更伟大、更美好的东西。共同愿景是个人目标与团队目标相协调的结果，是激发人们潜能的源泉。而人力资源领导通常是组织的代言人，他们向员工描绘组织现状和未来前景、帮助员工发挥自己潜能的过程，是共同愿景导向的过程，也是人力资源领导施加影响力的过程

途径	进一步说明
培养优良的个人品质	个人品质是领导者的立身之本，对于人力资源领导而言，个人信誉尤为重要。丧失信誉会使人力资源领导无法有效地开展工作。这是因为他们需要别人重视他们的专业知识，相信他们的影响力。由于 CEO 和直线人员权限很大，人们即使认为他们不值得信赖也会听取或采纳他们的意见。但是，如果人力资源领导失去别人的信赖，他就不会受到重视，也就无法有效地开展工作 领导者个人品质还体现为领导者的责任感。人们之所以要加入组织，是因为组织能够帮助他们达到单靠个人力量无法达到的目标，也就是说，组织成员对其所处的组织有一种天然的依赖感，而如果人力资源领导能够通过自己的言行向员工传递这样一种信息——我对整个组织的成败负责，而且我确信能够做到这一点——那么，员工对组织天然的依赖性便会成为人力资源领导影响力的重要来源
充分发挥解决冲突的能力	据说"冲突是仅次于上帝和爱之外充斥于人们之间的主题"，可见组织中出现冲突是极其正常的，问题是对待冲突的态度。对冲突的处理方法一般包括竞争、协作、回避、迁就、折中。针对冲突的不同类型相机地采取处理方法，趋利避害，使组织的获益最大或是损失最小，是领导者能力的体现。同时，由于冲突必须是双方都能感知的，如果人们没有意识到冲突，那冲突就不存在，所以，冲突在组织中往往是显现的。因此，解决组织中冲突的结果，将直接影响到人力资源领导的威信，并进而影响到他的影响力
运用政治技巧	人力资源管理从某种意义上说也是一种政治活动，有效的人力资源领导总是能够接受组织的政治资本，通过运用政治的观点来评价组织中的各种行为，从而更好地预测别人的活动，并运用这些信息来形成自己的政治策略，增加自己的影响力
增强学习能力	良好的学习能力是领导者影响力之动力源所在。任何优势都来自于差异，一个人所拥有的知识必是稀缺的，他才能够提供独特的优势。但在网络时代，知识的差异不可能提供永久的资源优势，大家都在以极快的速度学习着，靠垄断知识是很难长期、稳定地拥有资源的比较优势的。因此，人力资源领导能力的培育及其独特竞争优势的保持，主要取决于其自身的学习能力。作为领导者，必须不断地自我发展，不断学习，成为组织及其成员发展的楷模。同时，由于人的行为和思维方式的复杂性，人力资源管理充满了不确定因素，墨守成规的人力资源领导是无法适应这种变化的，只有不断学习、不断创新才能做到从容应对

第三节 从职责管理到能力管理：基于员工发展，做到人岗匹配

对人力资源进行有效配置和合理使用的基础是人岗匹配：一是岗位职责与员工个体特征相匹配，这是基础；二是岗位报酬与员工需要、动机相匹配。人岗匹配的关键是激励员工行为，也就是通过事得其才、才尽其用来实现员工的才能高适用、高发挥。

1. 人岗匹配与员工发展

自20世纪以来，似乎所有中国企业都在强调以岗位为核心的职责管理，但真正做到的很少。这是因为，在机器工业时代出现的"岗位职责"体系，更多的是要求员工被动地匹配岗位需求。对于这样显著的变化，中国企业应该根据员工能力的变化来配置相应的任务，这样才能收到好的效果。

未来企业人力资源管理首先要考虑人（员工）的发展、人的能力、人的兴趣，一定是基于人来匹配工作与岗位职责，而不是基于岗位职责来找人。这就要求企业在职位划分的基础上建立员工的任职资格体系或能力体系，对员工的任职资格或能力进行系统的培养和评价，根据员工的任职资格和能力等级来配置相应的工作任务。

2. 如何实现"人""岗"的高效率匹配

很多企业人力资源管理者依然寄希望于员工被动地匹配岗位变化，最明显的一个表现是，在企业的某个岗位职责说明中总有这样的一条：完成领导交代的其他任务。其实，"人""岗"的高效率匹配主要基于两个条件：①岗

位职责和员工的能力比较匹配；②岗位的职责和员工的能力都相对稳定。但是，随着经营环境的动态变化，随着知识型员工强调终身学习时代的到来，企业不但岗位职责变动频繁，员工能力也发生了巨大变化，企业需要重新调整岗位职责和员工能力的匹配情况。

某大型钢铁集团有限责任公司是一家以钢铁为主，多元化发展的大型集团公司，经过多年的发展和国家政策的支持，目前该公司已形成以钢铁为主，房地产、贸易流通、酒店餐饮、环境保护等产业并举的发展格局。

随着集团的快速发展，对优秀人才的需求也日益迫切。为了挖掘到更多的优秀人才，提升管理团队质量，在国家政策的号召下，集团管理者决定对分、子公司的高层管理者实施竞聘上岗，选拔出真正优秀的人才，进一步优化企业的人力资源配置，有效支撑企业的进一步发展。

但是，在设计竞聘上岗方案的过程中，集团遇到了很多问题和阻碍，概括起来主要有两点：一是评选标准不清晰，二是方法没有科学性。后来，在咨询机构的帮助下，他们采取了如下措施：

首先，基于不同岗位的核心工作职责，建立了明确、可衡量的评选标准。对于高层管理者，从能力素质、通用要求（学历、专业、工作年限等）、知识技能、经验成果等多个维度明确了岗位要求；对中高层管理者，明确了不胜任项的否决性指标，进一步保证选拔的人才能够胜任本岗位工作；明确了各岗位的角色责任，设计科学合理的管理工具和表格，明确了各层管理者需要承担的具体事项和频次要求，进一步促使干部履职。

其次，引入人才测评工具，科学评价人才。针对不同岗位类别对人员要求的核心技能点和能力素质指标设置了相应的测评题目及测评方式，建立了相应的题库（包括试卷、测评量表等测评用的材料，以及若干独立的试题），据此筛选出与岗位相匹配的优秀人才，形成一支优秀的人才队伍，促进企业的进一步发展。在竞聘上岗的实施过程中采取测评与面试结合的方式。根据测评结果，将个人履历、面试、测评等多方面的信息综合起来，如果没有完美匹配的应聘者或者几位较优秀的人选难分伯仲，就在面试中做进一步的考察。做出了人才选用的决策以后，人才测评的应用没有就此结束，而是对人才测评效果进行跟踪和检验，不断修正测评应用中的偏差和不完善之处。

上面的这些做法充分体现了"能者上、庸者下"的用人原则，有利于激活企业人力资源、优化人力资源配置。集团管理者认为："此次竞聘取得了非常好的效果，该上的上了，该下的下了。上的人觉得自己凭的是能力，理直气壮；下的人觉得自己的确技不如人，无话可说。值得一提的是，通过测评，管理者对员工有了更全面的了解，为后续的人事决策奠定了坚实的基础；员工也从中感受到了凭能力吃饭的重要性，进一步增强了工作动力。"

第四节　从外在报酬到内在激励：
认识到平凡岗位的内在价值

生活中，很多人都说中国人拜金主义严重，这一点其实跟企业制度设计过于强调外在报酬有关。过于强调报酬，让工作本身对员工的激励作用逐渐消失。员工做事都是为了名利，得不到名利的事情，没人愿意做。企业人力资源改革，一定要从外在报酬转到工作本身的内在激励。

内在激励并不仅仅适用于层次比较高的人才，对普通员工同样适用。如果企业一开始就认为员工不能采用内在激励，所有的制度就会越来越体现外在激励，培养出来的员工就会更加缺乏内在工作动机。

1. 员工工作动机的三个层次和阶段

一般而言，员工工作的动机会经历三个层次和阶段：

第一阶段，为了利而工作。人为财死，鸟为食亡，看到有利可图，人们才会努力。某个员工之所以要到某企业工作，就是为了赚钱。这时，货币薪酬激励就显得尤为重要了。

第二阶段，为了名而工作，员工希望通过努力工作，获得良好声誉与社会地位。他们认为人生的意义就是建功立业，事业就是人生的根本，人可以没有一切，但绝不能没有事业，有了事业才有一切，所以他们需要借助企业来展示自己的才能，获得成功。这时企业要及时认可员工的工作，让员工有荣誉感。

第三阶段，为了职业理想而工作。喜欢某项工作，员工就会将其做到极致。对于这样的员工，企业要鼓励他们选择自己喜欢的工作方向，鼓励员工创造更优秀的绩效，促使他们努力工作。

2. 唤醒员工的内在工作动机和热情

如果认为"员工是为了金钱报酬才努力工作"，这简直就是侮辱人性。基于结果的目标管理容易让员工追求短期利益而损害长期利益，内在激励是员工努力工作的重要驱动要素，过分强调外在激励，会让内在激励逐渐弱化，进而变得越来越依赖外在激励。因此，管理者首先要帮助员工认识到看似平凡的岗位的内在价值在哪里，该岗位和组织存在的使命以及战略目标之间的联系在哪里，来看下面两个例子：

在沃尔玛，卡车司机都清晰地知道自己的工作内容对组织核心竞争力的作用。沃尔玛的运输队包括6500辆卡车、5.5万辆拖车和7000名司机，公司曾在2005年宣布：公司计划在2015年前将运输队的燃油经济性提高一倍。数据显示，从2005年做出承诺至今，运输队的燃油经济性已经提高84%。沃尔玛卡车司机对公司发展的贡献由此可见一斑。

在埃克森美孚，油罐车司机都知道自己的工作行为和平衡计分卡指标之间的联系是什么。为实施平衡计分卡项目，美孚润滑油部门将远景目标和小组、个人的工作任务结合起来，通过财务、客户、内部经营、学习与成长四个方面将各层次绩效及各层次绩效之间的因果关系体现出来，同时建立适当的指标和目标值，激励各级员工，引导他们的工作朝有利于部门业绩目标实现的方向发展。正是在这样的设计之下，油罐车司机焕发出极大的工作热情，积极创造业绩，既为自己创收，也在专业道路上不断成长。

以上两例都证明，管理者需要唤醒员工的内在工作动机，还应该对工作内容进行扩大化和丰富化，推进员工建言系统的完善，这不仅是管理者成熟的表现，实际上也是在帮助员工成长。

第五节 从利用人性弱点到激发人性向善：
不可忽视的 Y 理论

对于人性的善恶，中国古人早有论述，例如战国时期的孟子认为"人性善"，战国末期的荀子认为"人性恶"。对于大多数人来说，与善者相伴，自己也会变得善良；与恶者相交，自己也会变得恶毒。遇善则善，遇恶则恶，从古至今，道理都是如此。这一点，对现代企业的人力资源管理有着重要的指导意义，企业完全可以运用 Y 理论来激发人性向善。

1. X 理论与 Y 理论

1960 年美国社会心理学家、管理学家道格拉斯·麦格雷戈在著作《企业中人的方面》中，首先提出了 X 理论和 Y 理论，这是管理学中关于工作原动力的理论。

X 理论和 Y 理论建立在对人性的根本理解上，前者是性本恶，后者是性本善。对 X 理论和 Y 理论的概括，是道格拉斯·麦格雷戈在学术上最重要的贡献。管理界复杂多变，麦格雷戈认为，在每个管理决策和管理措施的背后都有一种人性假设，这些假设影响乃至决定着管理决策和措施的制定和效果。

X 理论的主要观点是：人类本来就懒惰，讨厌工作，喜欢逃避，多数人没有雄心壮志，不愿负责，宁可被领导骂；如果想让这些人为目标而努力，就要采用强制办法乃至惩罚、威胁；激励只在生理和安全需要层次上起作用；多数人只有极少的创造力。企业管理的唯一激励办法就是，用经济报酬来激励生产，只要增加金钱奖励，就能取得更高的产量。因此，这种理论特别重视满足员工生理及安全的需要，重视惩罚。

X 理论的管理要点是：管理者以获得利润的经济目的为出发点，将人、财、物等生产要素组织在一起；管理，是指挥他人工作、控制他人活动、调整他人行为，满足组织需要的过程；管理的手段有奖惩、严格的管理制度、严密的控制体系，还可以采用松弛的管理方法，宽容和满足人的各种要求……总之，这种理论偏重于"人性恶"的一面，注重"他律"在管理中的作用。

Y 理论是 X 理论的对称。Y 理论的主要观点是：一般人本性不是厌恶工作，如果给予适当机会，人们会喜欢工作，并渴望发挥其才能；多数人愿意对工作负责，寻求发挥能力的机会；能力的限制和惩罚不是使人为组织目标而努力的唯一办法；激励在需要的各个层次上都起作用；想象力和创造力是人类广泛具有的。因此，人是"自动人"。激励的办法是：扩大工作范围；尽可能把职工工作安排得富有意义，并具挑战性；工作之后引以为豪，满足其自尊和自我实现的需要；使职工达到自我激励。只要启发内因，实行自我控制和自我指导，在条件适合的情况下就能实现组织目标与个人需要统一起来的最理想状态。

Y理论的管理要点是：要想实现目标，就要综合运用人、财、物等生产要素；把人们安排到具有吸引力和富有意义的岗位上工作；重视人的基本特征和基本需求，鼓励人们亲自制定个人目标和组织目标；把责任最大限度地交给工作者；要用信任取代监督，多一些启发与诱导，少一些命令与服从。总之，管理过程就是一个创造机会、挖掘潜力、排除障碍、鼓励发展员工的过程。

为了降低员工对工作的消极性，持X理论的管理者一般都会制定严格的规章制度。他们主张，用人性激发管理，使个人目标和组织目标保持一致，给员工授予更大的权力，为员工提供更大的发挥机会，激发员工对工作的积极性。

麦格雷戈认为，Y理论比X理论更有效，为了极大地调动员工的工作积极性，要鼓励员工参与决策，为员工提供富有挑战性和责任感的工作，建立良好的群体关系。他认为，Y理论是"个人目标与组织目标的结合"，关键不在于采用强硬的或温和的方法，而在于管理思想从X理论变为Y理论。

事实上，在过去的数十年中，世界上许多大公司企业都较为坚定地相信道格拉斯·麦格雷戈的Y理论，他们相信人是愿意负责、具有创造性和进取心的，每一位员工应当受到尊重和值得信任，并据此制定了大量的人才招聘、培训、选拔和激励制度和方案，结果在实践中获得了巨大的成功。

2. 运用Y理论，激发人性向善

著名作家柏杨说，中国人最大的毛病是不团结。在过去的很长一段时间里，为了提高效率，很多企业人力资源管理制度设计都利用了"不团结"这个弱点。这种管理方式，也许有助于提高效率，但也存在很多的问题，比如合作弱、私心多等。

在 20 世纪三四十年代，西方国家人力资格管理已经从 X 理论过渡到 Y 理论。虽然 Y 理论并没有从根本上清晰地说出人性的问题，但却为管理中的人文情怀带来了巨大改变，推动西方国家管理制度的设计者开始利用人性弱点来激发人性向善。

一直以来，谷歌公司都以轻松随意的企业文化著称于世，在《财富》杂志及领英网等发布的"全球最适合工作的企业"排行榜中多次位列榜首。同时，在 Universum 的通信人才的吸引力指数中，谷歌还是"世界上大学毕业生最向往的雇主"。谷歌坚持自由开放的企业文化、特有的时间和项目管理模式、公平合理的激励模式和考核机制。

在企业文化方面，谷歌是以研发人员为中心的公司，一直倡导并鼓励一种创新、民主的企业文化，并注重员工的工作体验以保障员工的创造力，比如在办公楼内配置了人性化的健身设施、倡导员工间的自由沟通交流、成立谷歌文化委员会等。

在激励模式上，员工享有丰厚的年薪，持有公司股票，为正式员工发放股票期权，每年都会根据员工上年度的业绩表现授予股票期权。奖金不会根据工作量分配，而是依赖项目的重要程度。谷歌还实行了一套特有的奖励机制：每个季度末，公司会将各项目向所有员工公示，贴上每个人的名字和照片，尊重、肯定员工的工作价值，激发员工的积极性。此外，公司还为员工提供多样、丰厚的福利，如为员工供应免费美食、24 小时开放的健身房、医疗服务和瑜伽课，安排演讲、咨询营养师，提供干衣机、按摩服务、游泳池和温泉水疗，为员工提供班车等。如果员工在职期间死亡，其配偶或伴侣会在接下来的十年中，获得此人薪水的 50%，同时还能获得该员工在公司的股份。如果家里有孩子，孩子每月都能获得 1000 美元，直至 19 岁；如果孩子是全日制学生，可以一直领到 23 岁。

谷歌特有的时间管理也值得称道。谷歌采用弹性工作制，没有明确规定员工时间，员工可以自由支配自己的工作时间，使员工自觉、自律、高效地工作；员工上班时不用统一制服，可以带孩子或宠物来上班，同时配有高档的员工子女托管中心。编写程序等工作很辛苦，员工可以随时安排休息，或者在办公楼打台球，或到按摩休息室按摩，或到户外公园散步、到游泳池游泳……此外，谷歌还建有豪华餐馆，员工可以免费取用各种美食。谷歌允许员工使用 20% 的工作时间自由发挥、自由创造，不要求员工将所有的工作时间都投入到手头的工作中，许多优秀的产品和服务，如谷歌广告、谷歌邮箱、谷歌新闻等，都是员工利用 20% 的个人时间设计完成的。

综合分析谷歌公司的企业文化和管理模式，就会发现其正是基于 Y 理论的人性假设下实施的。谷歌优越的工作环境、丰厚的薪酬待遇和福利，以及个性化的工作安排、独特的管理方式使其能够吸引各领域的人才集聚，从而保证企业的创新活力。

未来，人力资源管理变革一定不能停留在简单提升效率上，不能简单地利用量化考评、计件工资和人与人之间的竞争来提高效率。效率不是管理的唯一目的，管理有着更伟大的使命。管理者在设计制度时，一定要激发员工人性向善，激发团队合作的力量。

第七章

案例：优化人才生态，助力创新创业

在最近几年中，许多企业都在实践中积极探索人才培养新路径，并制定了相关的制度和方案，结果获得了巨大的成功。本章选择性地介绍了腾讯、阿里巴巴、华为、碧桂园及合肥高新区的案例，所谓"他山之石，可以攻玉"，这些企业实施生态型人力资源管理的实践和经验，可以为中国企业在互联网时代的人才管理战略提供有益的启示。

第一节　腾讯：构建人力资源生态系统

腾讯公司成立于1998年11月，既是目前中国最大的互联网综合服务提供商之一，也是中国服务用户最多的互联网企业之一。腾讯的人力资源管理一共经历了三个发展阶段，目前已经成为一个人力资源生态系统，主要包括七大事业群和HR三支柱。

1. 腾讯人力资源发展三阶段

腾讯人力资源体系的成功不是一朝一夕促成的，它经历了一次又一次的变革与突破，具体可分为以下三个阶段，如表7-1所示。

表7-1　腾讯人力资源发展三阶段

不同时期	情况描述
人力资源管理建立期（1998~2003年）	公司逐渐建立起人力资源部，这个时期属于公司的初创期，公司急切地建立起独立的人力资源管理体系；人力资源管理工作以招聘、薪酬等职能性工作为主；角色职能为行政职能类角色，较为单一。这个时期的人力资源管理组织结构是以职能为导向的，但是管理理念中已经出现了客户价值导向的理念与思想的萌芽
人力资源管理发展转型期（2003~2009年）	这个时期以公司的企业文化管理委员会和腾讯学院的建立为标志。在这个时期，腾讯面临着企业文化被稀释、人才储备和培养跟不上企业发展等问题；公司对人力资源管理的要求剧增，公司逐步建立起职业发展体系、培训体系，进行企业文化的优化与变革等，人力资源管理的职能与角色急剧扩增，战略性角色和员工合作伙伴角色开始显现。随着员工规模的不断扩大，员工发展是否与行业和公司的发展同步是急需解决的一个问题，公司的解决之道主要是靠文化，于是专门成立文化管理委员会，推广企业的价值观，加快新人融入公司的步伐

续表

不同时期	情况描述
人力资源管理新型组织结构的建立期（2009年至今）	这个时期公司业务和员工对人力资源管理的需求日益多元化和差异化。公司期望人力资源管理工作能够融汇公司战略、推动组织变革、提供专业快捷的人力资源服务、灵活高效地支持一线业务单元人力资源工作。人力资源管理角色更加多元化，战略性角色特征十分明显。这个阶段，人力资源管理组织建立并完善了人力资源专家线、人力资源共享中心和人力资源业务合作伙伴三大组织结构，腾讯形成了客户价值导向的人力资源管理组织结构

2. 腾讯七大事业群

腾讯的组织架构分为七大事业群，类似于七个相对独立的公司，只不过，事业群之间还共享资源，有很多联系，如表7-2所示。

表7-2 腾讯七大事业群

事业群	业务描述
微信事业群	负责微信基础平台、微信开放平台，以及微信支付拓展、O2O等微信延伸业务的发展，并包括邮箱、通讯录等产品开发和运营
互动娱乐事业群	负责网络游戏为主体的板块，是腾讯营收最大的板块，也是国内营收最大的网游平台
移动网络事业群	聚焦于浏览器、安全、搜索、应用平台等平台型业务
社交网络事业群	以QQ与QQ空间为基础打造大社交平台，为用户提供优质的通信与社交网络等综合性服务
网络媒体事业群	是全媒体业务平台，旗下包括腾讯网、腾讯微博、腾讯视频、腾讯智慧等品牌
企业发展事业群	在腾讯内部担当战略规划、投资者关系维护、公司品牌建设、业务孵化和投资并购等角色
技术工程事业群	腾讯内部的技术支撑平台，为公司提供全方位的运营解决方案和服务支持

另外，腾讯还有职能系统——内部的运营支撑平台，主要涵盖法务、行政、公关、采购、基建、财经、人力资源等重要职能，保证了公司的顺利运转。

3. 腾讯 HR 三支柱及其分工与定位

企业如何实现这样的自组织管理模式？腾讯对此做出了自己的探索，于 2010 年 3 月正式提出建立专家中心、共享服务中心、业务伙伴的 HR 三支柱组织架构的概念，形成了客户价值导向的人力资源管理组织结构，如表 7-3 所示。

表 7-3　腾讯 HR 三支柱及其分工与定位

三大支柱	分工与定位	腾讯 HR 如是说
腾讯人力资源专家中心（COE）	它是腾讯的人力资源系统中的专家支持部分，主要职责是：负责人力资源前瞻性的研究；参与并解读公司战略，对接企业战略；规划人力资源战略；制定人力资源制度和政策；作为智囊团，提供人力资源专家支持。这个部分主要有招聘管理、绩效管理、薪酬福利管理、组织发展管理、员工关系管理、企业文化等。人力资源专家中心的各个管理模块，主要负责该模块的规划发展、制度建设、政策制定、流程梳理和建设，在战略、制度层面上，提高人力资源管理的价值，提升内部客户的满意度	其实，腾讯人力资源三个部门都会涉及招聘工作，但具体各有不同。做 COE 招聘的要考虑雇主品牌，考虑人员特性；做日常招聘的要考虑什么样的渠道才会更有效，什么样的产粮区才能给企业更好的补充；HRBP 要考虑招聘什么样的人才能更符合企业业务的特征。这样才能体现出人力资源管理的效率

续表

三大支柱	分工与定位	腾讯 HR 如是说
腾讯人力资源业务合作伙伴（HRBP）	它是腾讯人力资源系统中在各个事业群的人力资源管理人员，主要职责是：针对公司内部客户，即员工的需求提供人力资源的专业分析和支持，协助各业务部门负责人以及管理干部在员工发展、梳理需求、发掘人才、整合资源、培养能力等方面的工作。针对不同事业群的员工需求，不能被动地等待内部客户提出人力资源要求，而是要积极主动地发挥人力资源的专业价值，从专家角度来帮助各个事业群分析人员需求、招聘计划、培训要求、绩效考核、薪酬福利政策、员工关系等各方面，在各业务部门落实与推广公司的人力资源管理政策、制度规范，帮助业务部门各级干部培养和发展人力资源管理能力，并协助业务部门开展人力资源管理工作。此外，HRBP 需要了解业务，能够针对业务部门的个性化需求，提供专业的解决方案，将人力资源和其自身的价值真正内嵌到各业务部门的价值模块中。这样才能真正发挥和实现人力资源管理的重要作用，保障人力资源在业务单元的工作，提升内部客户的满意度	衡量 HRBP 价值最重要的标准是能否支持组织战略、业务目标的实现，助力员工成长。对 HRBP 而言，不仅要在 HR 专业领域是专家，更要精通业务，这样才能够与业务对话。HRBP 要知道各事业群有什么样的特征，这些特征对人力资源有什么特殊的要求。不同事业群有直接的差异，比如做互娱方向的人员，招聘的游戏类的员工，更多地要强调他的个性，强调他的创新意识；技术工程族群的人员，更多地希望他们要扎实，要有运营的特性。从此工作的导向和定位来看，其对人员的性格、工作习惯的要求都会有一定的差异性
腾讯人力资源平台部（SSC）	它是处于 COE 和 HRBP 之间的一个承接部门，为各个事业群内部客户提供统一的专业化和标准化服务，从而达到整合资源、降低成本和提高效率的目的。其主要职责是：负责人力资源管理的日常职能性工作；承接并落实 COE 要贯彻的人力资源战略；在各个事业群的 HRBP 对其人力资源需求进行分析后，人力资源平台部要交付招聘、培训、员工关系等人力资源需求。其在腾讯人力资源系统中发挥着通道的作用，将公司人力资源战略和各个事业群的人力资源需求连接起来，将具体的人力资源管理工作落地。在腾讯，人力资源平台部的建立，改变了以往分布不均匀、业务部门对人力资源管理的需求交付速度慢、各地系统重叠且不统一的状况，将更集中化操作来达到规模效应，达到整合资源、降低成本、扎实服务、提高效率的目的	人力资源若想既有战略连接，又有业务支持，就需要中间有一个平台部门把日常的工作承接起来，把战略和业务之间的环节打通。各个事业群有不同的需求，但是有些需求这个事业群今年有，另一个事业群明年有，这就需要我们更好地整合资源

HR 三支柱是一个高绩效人力资源管理系统，各支柱是一个个子系统，职能模块实际上是嵌入 HR 三支柱模式的每一个支柱之中的。那么在腾讯的 HR 三支柱中，COE 与 SSC、COE 与 HRBP、HRBP 与 SSC 之间的关系是什么样的呢？如表 7-4 所示。

表 7-4 腾讯 HR 三支柱中 COE 与 SSC、COE 与 HRBP、HRBP 与 SSC 之间的关系

支柱	关系
COE 与 SSC	COE 在制定了人力资源战略、制度、政策后，具体的工作需要 SSC 进行落实和细化，将人力资源管理工作做扎实、做细致。同时，COE 制定的战略、制度、政策也成为 SSC 进行系统优化、外包管理的依据和准则。此外，SSC 在执行政策、标准并将其系统化、流程化、精细化的过程中，对发现的问题要积极向 COE 反馈，及时修正和提升人力资源管理制度与政策，以提高人力资源管理的效率，优化政策、流程，提升人力资源管理效率
COE 与 HRBP	COE 在承接了公司战略，并根据内部客户制定人力资源管理战略后，需要推广落实到内部客户，HRBP 此时就发挥着重要作用。各 HRBP 中心在人力资源管理制度政策传导、政策落地的过程中，根据本业务部门的特点进行优化细化，使其更加符合本部门情况，促进员工对人力资源管理方针政策的理解和认同，提高政策的可行性。同时，HRBP 中心在帮助业务部门梳理政策、挖掘需求的过程中，当发现人力资源产品并不符合内部客户的需要或者业务部门需求有变化时，需要向 COE 积极反馈，促进 COE 的优化和改进。两者的配合，既使人力资源管理在尽量规范化的框架内，又能确保制度的弹性，能更好地满足业务部门的个性化需求
HRBP 与 SSC	HRBP 作为人力资源管理的一线人员，在对业务部门进行人力资源需求管理、员工沟通、发现问题的过程中，跳脱出烦琐的日常事务，负责提出业务部门对人力资源管理需求的解决方案，并提交至 SSC，自身的主要精力应发挥在与内部客户的接洽与方案的优化上。SSC 在收到 HRBP 中心所提出的人力资源管理需求后，通过自身的资源信息平台和专业化操作，将人力资源管理需求的产成品交付给各个业务部门，满足其人力资源需求

在腾讯人力资源管理系统的运作过程中，合理的组织结构设计，保障了三个板块权责明确、分工合理、相互作用、相互优化、协调发展，形成了完整高效的人力资源管理组织结构作用机制。三个板块的分工与协助，确保了

人力资源管理工作的顺利开展，不仅体现了客户价值导向，有效地支持了内部客户对人力资源管理的需求，还极大地提升了人力资源管理的价值性。

4. 腾讯人力资源管理经验分享

腾讯人力资源管理的借鉴意义主要在于创新和变革。

（1）在创新方面，首先用企业文化激励。腾讯执行力强、反应快速、不断推陈出新，只用了短短几年时间，腾讯就从"中型军舰"变身"超级航母"。腾讯是如何做到这一点的？企业文化、鼓励创新的机制都发挥了重要作用。其次，领导者马化腾高瞻远瞩，引领着企业的变革方向。马化腾之所以敢在 HR 业务上改革和创新，主要在于得到了高层的支持，比如重建 eHR 系统时，高层充分授权，给予了极大的支持，使该项目能够快速推进。在互联网行业，很多业务的开展、系统的制定都没有现成的模板可借鉴，在关键时期，就要具备专业能力与大胆革新，需要企业领导者的格局与智慧。

（2）在变革方面，腾讯大打"组合拳"。第一，确保 HR 与公司长期战略发展紧密连接。HR 主要负责制定各类规划、通过各种人力资源工具和方法论的实施预判未来，给予政策指引。为了确保 HR 站在战略前沿，公司专门设立了 HR 的研发条线。第二，让 HR 深入事业群内，建立懂业务 HRBP 团队。其跟业务捆绑在一起，团队成员每天都会参与事业群的业务会议，了解不同事业群业务的个性化特征，给出个性化的解决方案。第三，建立中间平台，实现资源共享。马化腾主抓的 HR 平台，通过高效的 eHR 信息化系统，为各部门提供一站式 HR 解决方案，同时提高 HR 团队的工作效率。

目前，腾讯推行的 HR 新模式的作用是：COE 负责前瞻性研究，研发出未来更适合腾讯的模式；HRBP 团队负责沉入各业务，管理事业群的不同需求；中间平台，确保公司在不同区域实现 HR 操作流程规范化、标准化，提高 HR 工作效率……几条线形成"组合拳"，HR 才能真正帮企业创造附加价值。

5. 亲历者阐述腾讯人力资源生态系统

宝洪江是腾讯某事业部人力资源部负责人，他亲身经历了腾讯人力资源五大生态系统打造的过程。人力资源五大生态系统包括人才流入和流出、专业发展通道、打造人才学习分享的自组织体系、干部考核关键评价标准、人才吸引与保留。

（1）腾讯的人才流入和流出。腾讯的人才流入要经过五轮面试：第一轮面试，只是对腾讯有一个初步了解；第二轮面试，会觉得腾讯人员素质高；第三轮面试，会觉得腾讯管理不错；第四轮面试，发现腾讯的专业度很高；第五轮面试，直接拍板。腾讯对整个招募流程严格把关，一轮由 HR 负责，二轮由主管考核，三、四轮由专业人士负责，最后的负责人是总经理。

进腾讯时，宝洪江接受了五轮面试，每一轮都有不同的人把关，每轮面试的感觉都不一样。对于人才流出，腾讯有一个激活机制——组织激活。员工绩效不好，不代表他的能力不强，只是环境不适合，换个部门、公司会更合适。腾讯每星期都有辞职沟通，保证员工辞退正常，基本没有法律纠纷。腾讯很人性化，但是人性化的另外一个层面则是制度的严格执行。

（2）腾讯的专业发展通道。腾讯员工晋升由职业发展委员会来决定，职业发展委员会由各专家来组织，HR 仅是参与者。在委员会中，专家也是分级的，最高级别为五级，如马化腾；三级专家主要负责执行和组织……所以，人力资源仅靠强推是无法做下去的，最好确立一个自组织系统。宝洪江说："腾讯对人才有相应的要求，要求每年有一定的晋升。在轻松的工作环境中，员工可以没有绩效，但如果一段时间后还没有晋升，职业通道相关人士就会跟你进行沟通。"针对人才，腾讯设定了不同的培训机制。新人会接受一个月的学习和培训，包括育龙训练营、潜龙计划和飞龙计划。育龙训练营，主要培训骨干、专家，为晋升做准备；潜龙计划培训针对的是目前还没有成为管理者的人，他们还需要时间获得晋升；飞龙计划主要针对的是总监、副总经理、总经理等级别。

（3）打造人才学习分享的自组织体系。腾讯学院设定了完善的通用学院机制，对各事业群的专业人员进行培养。腾讯的 M 学堂建立得比较完善，校长由市场部总经理来担任，主要负责课程的评审、培训预算的设计、培训计划的制定。腾讯的 HR 做培训很辛苦，不仅要熟悉业务，还要通过培训来体现专业度，并非易事。当时，宝洪江所在的市场部共有 800 人，主要对业务、专业度等进行培训。每年年初都有培训需要，M 学堂需要承接培训预算，需要负责培训的相关事宜，培训经理只参与或提供方法论。

（4）干部考核关键评价标准。之所以要制定干部考核关键评价标准，就是为了培养合格人才。宝洪江说，腾讯对人才发展要求很高，第一专业度，第二领导力。腾讯有一个 B 企鹅模型，顶层是人才用人，中间层是激情好学开发，最底层跟素质有关。在选人、人才竞争方面，腾讯也都有相应要求。腾讯管理者的多数考核，都是人才管理。腾讯的干部述能，要讲解目前团队带领的情况、每个成员的级别、是否有晋升、目前的状态、哪个是关键人才、哪些人会成为你的继任者、哪些人要辞退。这些事情，每年都会花费宝洪江很多精力。通过这种机制，管理者会更加关注团队和人才发展，保证员工能随时离开、有人可以接替。

（5）人才吸引与保留。为了吸引人才，腾讯常用的做法是：第一，安居乐业，员工只要在腾讯工作两三年，就可以提供贷款，帮他买房；第二，TP项目，随着年龄的增长，高级、核心人才会面临一些问题，例如孩子上学问题、医保问题等，这些问题公司都可以帮着解决。为了保留人才，腾讯还创造了良好的人才成长的环境，具体的做法是：支持人才成长，建立学习发展平台，由专家分享讲解，提供最新的资讯，拓展员工视野；为员工打造舒服愉悦的工作环境，员工一天有 2/3 的时间在工作。

第二节　马云打造的"金手铐"：阿里合伙人制及股权激励制度

在企业发展的不同阶段，如何选择合伙人？怎样通过股权圈住核心人才，从而赢得企业的可持续发展？阿里巴巴的合伙人制及股权激励制度回答了这两个问题。该制度堪称马云打造的"金手铐"，是阿里巴巴飞速发展的机制保障，已经成为了众多企业学习借鉴的范本。

1. 阿里合伙人制及股权激励制度

解析阿里巴巴的合伙人制及股权激励制度，需要从以下几个方面着眼：

（1）正确理解"阿里合伙人"。在法律上"合伙人"有明确的定义，在中国或其他主要国家的合伙企业法中，普通合伙人指的是：共同出资、共同管理企业，对企业债务承担无限连带责任的人。合伙人既是企业的所有者，又是企业的管理者，还是企业债务和责任的责任人。根据阿里巴巴在招股说明书中的描述，阿里巴巴的合伙人虽然在文字和内涵上借鉴了这个概念，但依然存在实质性的不同。

"阿里合伙人"是一种特殊身份，并不是传统法律意义上的"普通合伙人"。

第一，阿里巴巴的合伙人身份不同于股东。虽然阿里巴巴要求合伙人持有一定的公司股份，但合伙人要在 60 岁时退休或在离开阿里巴巴时同时退出合伙人（永久合伙人除外），这一点与只要持有公司股份就能保持股东身份不同。

第二，阿里巴巴的合伙人身份不同于公司董事。招股说明书显示，在阿里巴巴内部，董事会拥有极高的权力。阿里巴巴合伙人会议不会取代董事会对公司实施管理，合伙人会议的主要权力是董事会成员候选人的提名权。也就是说，合伙人拥有人事控制权，而非公司运营的直接管理权。

第三，阿里巴巴的合伙人不用承担无限连带责任。阿里巴巴合伙人的职责是体现和推广阿里巴巴的使命、愿景和价值观，合伙人履职的责任主要是精神和身份层面的，没有具体财产赔偿责任。

（2）阿里巴巴合伙人的提名和选举。阿里巴巴合伙人每年都会选出新合伙人，由现有合伙人通过提名程序向合伙人委员会推选候选人。合伙人委员会审查并决定是否将被提名候选人提交全体合伙人进行选举，新合伙人的加入需要得到不少于75%的合伙人同意。

候选人要想进入选举程序，需要具备以下条件：品格优秀、诚信正直；在阿里巴巴集团、阿里巴巴旗下企业或重要关联公司（如蚂蚁金服）连续工作五年以上；对阿里巴巴集团的发展有过积极贡献；高度认可阿里的使命、愿景和价值观，并愿意为之努力。

阿里巴巴合伙人的选举标准与程序，不仅可以让合伙人对彼此负责，也能提升合伙人对客户、员工和股东的责任感。同时，为了使合伙人与股东利益保持一致，阿里巴巴要求每位合伙人在其担任合伙人期间都需持有一定数量的公司股权。

合伙人的主要责任是发扬与践行阿里巴巴的使命、愿景和价值观。阿里巴巴期待合伙人将公司的使命、愿景和价值观在公司内部付诸实践的同时，也将其散播于客户、合作伙伴和其他相关方。

阿里合伙人每年都有进出。新人进来前，30 个现任合伙人中间必须有人提名，必须取得 30 个人中的大多数同意。合伙人不是一个独立于组织机制运作之外的特权阶层，比如，某人是合伙人，更是淘宝的运营总监，或者聚划算的总裁，或者阿里云的 CTO，业务做得不好，不会因为他是合伙人而影响到大家对他业务的评价，他的绩效也可以被打不合格。也就是说，如果他无法完成本职工作，有合伙人提议，且多数同意，你就得退出。

（3）阿里巴巴合伙人持股规定。阿里巴巴合伙人，可以以个人或公司直接或间接持有公司股权。公司与全体合伙人都要签订股权保留协议。股权保留协议约定：合伙人自成为合伙人起三年内，持股量不能低于其成为合伙人时所持股权的 60%。其中，27 名合伙人自 2014 年 1 月 1 日起算，3 名合伙人自 2014 年 8 月 26 日起算，4 名合伙人自 2015 年 12 月 8 日起算。三年期限结束后，合伙人在任职合伙人期间的持股数量不能低于前三年作为合伙人所持有股权的 40%。股权保留协议如果要约定持股例外情形，需要得到多数独立董事的同意。

（4）阿里巴巴合伙人的退出机制。根据阿里巴巴公布的资料，阿里巴巴合伙人满足以下某一情形的，就会丧失合伙人资格：60 岁时自动退休；自己随时选择退休；离开阿里巴巴工作；死亡或丧失行为能力；被合伙人会议 50% 以上投票除名。

同时，阿里巴巴还规定了永久合伙人和荣誉合伙人两种特殊的合伙人身份。阿里巴巴规定，只有永久合伙人会一直作为合伙人，直到自己选择退休、死亡，或丧失行为能力，或被选举除名。目前，阿里巴巴的永久合伙人只有马云和蔡崇信。永久合伙人可以由选举产生，也可以由退休的永久合伙人或在职的永久合伙人指定。此外，退休的合伙人还可以被选为荣誉合伙人，荣誉合伙人无法行使合伙人权利，但能够得到奖金池的部分分配；永久合伙人如果不是阿里巴巴职员，则无法得到奖金池的奖金分配，除非他仍然是荣誉合伙人。

（5）阿里巴巴的合伙人委员会。阿里巴巴合伙人制度的核心是"合伙人委员会"。阿里巴巴的合伙人委员会由至少五名合伙人组成，目前成员为马云、蔡崇信、彭蕾、张勇和井贤栋。合伙人委员会负责合伙人的选举工作，成员每期任职三年，可连选连任；委员会成员每三年进行一次选举，由合伙人委员会进行候选人提名，该提名人数应当与委员会成员人数相等，并额外提名三名候选人。每位合伙人投票选出与合伙人委员会人数相同的候选人，除了获得投票数最少的三名候选人之外，其他候选人都能当选合伙人委员会成员。

阿里巴巴的合伙人委员会有两项核心职能：一是负责管理合伙人选举。也就是说，任何被提名的候选合伙人必须经过合伙人委员会的确认才能成为正式的候选人。二是提议和执行阿里巴巴高管年度奖金池分配。阿里巴巴合伙人委员会可以向董事会的薪酬委员会提议高管的年度奖金池，并在董事会表决后，在董事会的薪酬委员会的同意下给公司管理人员和合伙人分配奖金。

（6）阿里巴巴董事提名和任命的权利。按照公司章程的规定，阿里巴巴合伙人不仅享有提名董事的排他性权利，还能在特定情形下任命过半数的董事会成员。

阿里巴巴合伙人提名的董事候选人，需在年度股东中获得过半数股东投票。如果阿里巴巴合伙人提名的董事未获选或者获选后退出董事会，阿里巴巴合伙人有权指定一名临时董事，行使董事职权直到下一次年度股东大会召开。在下一次年度股东大会中，被指定的临时董事或董事候选人的代替人（非初始候选人）将代表初始候选人在本届任期剩余期限中进行选举。

如果阿里巴巴合伙人所提名和任命的董事人数低于半数，例如所提名的董事停止任职，或未行使提名权和任命权等，阿里巴巴合伙人有权另行任命其他董事（无须其他股东同意），保证由其提名或任命的董事人数达到过半数。

阿里巴巴合伙人提名董事，由合伙人委员会推选候选人，经全体合伙人投票选举，获得过半数投票的候选人当选。阿里巴巴合伙人提名的董事候选人可以是阿里巴巴合伙人的成员，也可以是其他的符合资格的非阿里巴巴合伙成员人选。

阿里巴巴合伙人要遵循《合伙人协议》的相关规定行使对过半数董事的提名权和任命权，该《合伙人协议》于2014年9月阿里巴巴上市时生效且允许修订。任何对《合伙人协议》中有关合伙人宗旨或阿里巴巴行使董事提名权和任命权相关条款的修订，都应得到多数非候选人或被任命的独立董事的同意，独立董事的任职应符合《纽约证券交易所上市公司手册》第303A条的规定。此外，阿里巴巴公司章程中还规定了阿里巴巴合伙人的提名权及提名程序。依据公司章程，阿里巴巴合伙人提名权及公司章程中相应条款的变更，需要得到股东大会95%的股东投票支持方可实施，股东本人或通过代理人投票均可。

目前，阿里巴巴的董事会共有11名成员，其中5人为阿里巴巴合伙人提名的候选人。根据规定，如果阿里巴巴合伙人提名和任命的董事人数少于半数，阿里巴巴合伙人有权自行任命其他董事（无须股东同意），以保证由其提名或指定的董事人数达到过半数。所以，阿里巴巴合伙人有权另行提名或任命两名董事，将董事人数增至13人。

阿里巴巴与软银、雅虎之间的《投票协议》约定，只要软银持有的阿里巴巴股权不低于阿里巴巴发行股票总额的15%，就会在年度股东大会上行使投票权支持阿里巴巴合伙人提名的候选人。因此，只要软银和雅虎持有阿里巴巴的大量股票，阿里巴巴合伙人提名的董事候选人在所有选举董事的会议中都能过半数当选。

2. 阿里巴巴"合伙人制度"的评析

现代互联网公司的发展，需要跟资本结合起来。可是，大量资本的涌入，又会削弱创始管理团队的股权控制力。作为掌握互联网企业发展的核心竞争力（知识和人力资源）的管理团队，通过创新公司的治理结构，就可以在一定程度上否决公司法的基本原则——"资本多数决"，实现创始管理团队对公司的控制权和个人利益。马云的"合伙人制度"就是这种潮流的体现，是阿里巴巴飞速发展的机制保障。

第一，阿里巴巴的合伙人制度，将公司的控制权在形式上归于30人左右的核心高管团队——合伙人会议，在一定程度上实现了集体领导，有利于公司内部的激励和主动性激发。

第二，阿里巴巴的合伙人制度，规定了退休、除名等退出机制，具有一定的纠错能力。除名制度甚至对马云等永久合伙人同样适用，体现了一定的包容性。

第三，阿里巴巴合伙人的选举，合伙委员会、永久合伙人的设置，实质是合伙人的产生资格仍然由马云等创始人说了算，最终还是将公司的核心控制权集中在马云、蔡崇信等创始合伙人手中，只是更加隐蔽和考究。

第四，由于阿里巴巴的合伙人制度和持有的股权结合得并不十分紧密，因此有利于现有合伙人实现一部分套现，而继续保有公司控制权。

第五，公司的核心控制权由少数管理层掌握，确实不利于股东利益的保护，存在一定的道德风险，这对市场监管机构提出了更高的要求。美国纽约证券交易所接受了阿里巴巴的合伙人制度，显然也是对于自己监管能力的一种自信。

第三节 华为：携手上海交大共建创新人才生态链，探索人才培养新路径

华为是全球领先的信息与通信（ICT）解决方案供应商，其以丰富人们的沟通和生活为愿景，围绕客户需求持续创新，与合作伙伴积极合作，在电信网络、企业网络、终端和音视频等领域构筑了端到端的解决方案优势。2017年2月13日，华为的创新人才中心与上海交通大学工程训练中心展开了校企合作，与上海交大一起走上了创新人才培养之路。

1. "内忧外患"，唯有合作创新方可屹立于新时代之巅

上海交通大学是我国历史悠久、享誉海内外的高等学府之一，秉持"自强首在储才，储才必先兴学"的信念，经过上百年的不懈努力，已经成为一所"综合性、研究型、国际化"的国内一流、国际知名大学。

上海交大把人才培养作为办学的根本任务，在云计算和大数据颠覆传统行业的时代，上海交大努力将新技术应用到教学与实践中。

2017年是实施"十三五"规划的重要一年，基本实现教育现代化并将进入全面攻坚阶段。2017年全国教育工作会议工作报告就曾指出：加快建立以学习者为中心的人才培养模式。现代教育的重要特征，就是要面向学习者个性化、多样化的学习和发展需求，因材施教，促进学习者释放潜能；同时按照"自主、合作、探究"学习方式的要求，深化基础教育教学改革，改变被动传授、机械训练、简单重复的课堂教学，积极探索新课程改革理念多样化、行之有效的实现形式。

华为作为全球领先的信息与通信技术（ICT）解决方案供应商，可以为高校带来最新的 ICT 技术，并通过校企合作模式，按照企业对创新人才的需求，设置新技术课程，提供最新的 ICT 实验环境，从而全面提升学生掌握新技术的能力。

上海交大与华为共建的创新人才培养中心只是第一步，双方还建立了 IT 融合实训室。该 IT 融合实训室标准版支持多种华为认证，如 HCNA-Storage、HCNA-Cloud、HCNP-Cloud、HCIE-Cloud、HCNA-BigData；同时，实训室还从云存储、云计算、大数据三个方向展开十种课程和实验，内容丰富实用，可以同时容纳多人开展实验，有效推动了上海交大 ICT 创新人才的培养。未来，上海交大还将进一步与华为合作，打造出更多的全新的 IT 融合实训室。

2. 华为 ICT 学院创新教育模式打造良性人才生态链

华为与上海交大的这次合作，是专门针对重点高校的人才联合培养项目进行的，是华为信息与网络技术学院（简称华为 ICT 学院）的最高阶形式，目的是为了培养顶尖的 ICT 创新型人才，面向在校大学生，推广华为 ICT 技术与产品知识，鼓励学生参加华为职业认证，为社会及华为产业链培养 ICT 人才。

华为企业 BG 培训与认证部方面表示：信息技术产业正在经历一次新的浪潮，以移动互联网、云计算、大数据、物联网等技术应用为热点的，新型的全连接、智能化的数字社会正在到来。在这轮变革浪潮之中，ICT 人才，特别是具备扎实功底和创新思维的高端人才，将是最宝贵和稀缺的资源。希望通过此次合作，在云计算、大数据等领域培养出更多的创新型人才；也希望通过此次合作，能把我们企业的先进技术传递到学校，最终传递给学生，让学生进入工作岗位后可以发挥最大的价值。

华为相信知识创造机遇，教育促进可持续发展。华为希望通过在全国各地建立 ICT 学院、设立奖学金、开展大学生实习项目等来促进知识分享，创造机遇。

对于高等院校来说，核心问题是人才培养模式的创新；对于在校的大学生来说，核心问题是如何在大学就读期间学到与社会接轨的知识，以提高在应届生就业市场上的竞争力。而对于华为产业链上的企业、华为的经销商来说，人才的招聘则是始终困扰他们的问题。而且随着 ICT 行业的蓬勃发展，人力资源短缺的问题只会越来越突出。

华为 ICT 学院始终不变地坚持"引领 ICT 技术发展，播种 ICT 行业未来，打造良性人才生态链"的信念。华为 ICT 学院采用全新的合作模式，把华为、院校、教育合作伙伴和华为产业链上多家企业联结在一起，共同构建领先的 ICT 良性人才生态链。

3. 上海交大与华为强强联合共同探索创新人才培养之路

上海交大与华为的合作，是一次真正意义上的强强联合，必然会共同探索出一条面向未来数字化转型所需的创新型人才的培养之路。上海交大华为创新人才中心成立后，双方共同开发基于云计算、大数据的创新型课程，之后将其正式纳入上海交通大学课程计划。

上海交大找企业合作主要有两个方面的考虑：第一，企业承载的教育意义。华为基本法不仅影响着华为人，还对很多从事 IT 行业的人和即将步入该行业的在校大学生造成了影响，在以后的合作中，华为也能传递更多的正能量。第二，面向未来创新人才培养的意义。上海交大约 2/3 的本科生毕业后会继续深造，上海交大一直都是考虑未来人才的培养方式。未来的教育需要更多的承载，需要找到像华为一样的企业来一起培养学生，而企业也需要面向未来的员工。

对于上海交大的学生而言，新生一入校，便会获得一张成长路线图：大一学生的学习，采用的是由学院与企业编写的实用课程，可以认知实习参观企业，聆听企业的校园讲座，参加各种活动，在各类暑期见习项目中开展实践活动；大二、大三，参加各类学科竞赛和各层次创新项目；大四、研究生、博士生重视实战，配备导师……入校的所有学生都有机会参与其中。

华为的教育合作伙伴ICT人才链承担着很好的桥梁作用：通过组织培训，培养了大批在校ICT人才；同时，通过华为人才双选会等活动将人才推送给华为产业链上的企业，解决了他们人力资源严重短缺的问题。

上海交大与华为共建创新人才培养中心的人才生态模式的建设，将华为、院校、教育合作伙伴和华为产业链上的多家企业有机联结在一起，极大地促进了ICT人才生态的健康发展。

4. 华为是新ICT人才生态的播种者

面对我国教育中的实践和创新能力培养的挑战，以及校企合作中的多赢机制和质量管理两大难点，上海交大以培养高素质人才为目标，主动引入华为的优质资源，从办学理念、运行机制和质量保障体系，到人才培养全过程，进行了深入、有效的探索和实践，创建了以全方位校企合作为基础的教育实践教学新体系。

人才培养是高校的主要职能，在校企联合人才培养中，学校占据主导地位。通过探索和实践，上海交大在与华为合作的过程中，始终坚持：合作的目的是为了创新型人才的培养；合作的内容和形式必须符合学校人才培养的规律和要求；合作的标准必须满足学校的人才培养质量要求。

对华为来说，作为企业，以经济利益为先，需要的是很快就能适应岗位要求的员工；对学生来说，他们也有自己的职业规划和个性成长需求。上海交大与华为共建创新人才培养中心的模式把这些需求统一、融合在一起，实现了双赢。未来，华为要做一个新ICT人才生态的播种者，成为培养和输送未来新ICT人才的桥梁和典范。

第四节　碧桂园："人才工场"打造人才生态圈

碧桂园是中国新型城镇化进程的身体力行者，是全球绿色生态智慧城市的建造者，始终坚持"以德为本，德才兼备；不拘一格，能者居上"的人才理念，70%的关键岗位经理人都来自内部培养和人才裂变。

在变革和发展的大背景下，为了应对人才、组织能力、国际化管理三大挑战，碧桂园提出了"人才工场"概念，打造了健康的人才生态圈，实现了人才驱动业务的人才战略。

那么，碧桂园的"人才工场"是什么样子的呢？

1. 项目总经理培训班

从2010年开始，碧桂园实施了"领翔计划"，专门培养项目总经理。项目总经理是项目的第一责任人和最高行政长官，其能力水平直接决定着项目的成败。项目总经理培训班，围绕企业发展和岗位胜任要求，通过严格的选拔方式和复合式培养手段，实现了人才库的"严进严出，优中选优"；采用"按时段、分批次滚动选拔，分班次、并行式加速培养"的模式，持续打造项目总经理人才。

2. 选拔入班

碧桂园基于自身战略、企业文化等要素进行系统整合分析，形成了体现组织特色及未来战略发展要求的领导力素质模型。以此为标准，对人才进行盘点，了解现有各级人才现状，明确当前与未来人才需求的差距。同时，还针对性开展人才裂变，内部挖潜形成"人才池"，保证各级关键岗位人才的持续有效供应。

准项目总经理人选要出池入班，除经本单位推荐外，还需通过两轮选拔：第一轮笔试，由五大中心联合出题，实行全球同步闭卷考试，深入考察其投资、工程、运营等知识掌握程度；第二轮管理测评，通过北森锐途管理人员素质测评系统，评测其领导力和商业推理能力。通过层层选拔，学员实现正式入班。

3. 培养规划

每期项目总经理培训班，都要培养50~60名，培养周期两个月，以脱岗培训为主。培养共分六大板块，围绕项目经营进行六大核心能力的培养和评审，每项能力都由一位高管主抓，培养涵盖项目运营的关键环节，比如拿地、策划、开发、工程、营销等；同时，最大化发挥碧桂园快速周转与运营的核心优势，更前瞻性地学习新兴业务，如工业化生产、互联网营销等，确保培养出的项目总经理既能驾驭现在也能决胜未来。

以"拿地准，定位准"模块为例，集中学习阶段，培养土地属性辨识、市场研判、拿地策略等能力；关键任务实践阶段，在全国开展城市排查。理论结合实践，可以帮助学员扎实掌握项目开发前端的拿地能力，为项目的成功经营打下坚实基础。

项目总经理培训班倾注集团最优质资源，以"用优秀的人培养优秀的人"和"在战争中学习战争"为培养理念。全程聚焦项目经营，高管解析经营思路和策略，内外部标杆学习开拓经营视野，集中培训传授策略和技能，专题沙龙分享经验和方法，关键任务实践锻炼经营能力，从而全方位、多维度提升学员的项目经营能力。

4. 人才出库

两个月的培养过程，实施严格的积分管理，成绩及格的学员方可参加结业答辩。集团严格要求各单位按照学员的出班顺序，优先提供发展机会，并要求各单位持续关注培养。集团以双月为周期，对未得到发展机会的毕业学员开展为期一年的跟踪回访，了解发展情况、响应发展需求，并形成书面汇报上报总裁，以确保人才快速发展上位。

项目总经理培训班的成功，首先得益于集团上下的高度重视和全力支持，其次人力资源的策划和运营能力也不可或缺。面对未来的全球化竞争，碧桂园已经蓄势待发，通过坚实的人力资源管理能力和人才管理系统，发挥人才价值，支持、引领业务发展。

第五节　合肥高新区：打造"四位一体"人才生态体系

合肥高新区把人才和创新同时作为推动园区发展的重要抓手，在平台、政策、环境、服务等方面打造"四位一体"人才生态体系，牵引创新与发展。

1. 激扬梦想，书写发展传奇

合肥西部是创新创业者的"天堂"，一批批人才从四面八方会聚而来。

吴周令是安徽枞阳人，清华大学毕业后在中科院上海光机所拿到博士学位，到创新圣地美国硅谷奋斗了十多年。2012 年，他与几名合伙人一起酝酿创业计划，在合肥高新区创办了合肥知常光电科技有限公司。

其实，像吴周令一样，海外归来首选高新区作为创业之地的人还有很多，比如：波音 787 飞机智能变色舷窗的发明者徐春叶教授，创办了合肥博一环保科技有限公司；哈佛大学医学院进行博士后研究的刘青松博士，创办了合肥中科普瑞晟生物医药科技有限公司……这些高精尖人才都在合肥高新区将自己所学转化为蓬勃成长的新兴产业。

在创业者的眼中，合肥高新区已经成为了一片理想沃土，不仅是像吴周令这样的海归实力派，中小初创企业来到这里，也容易落地生根。万千初创企业、小微企业，就像一棵棵有着无限希望的小树苗，在阳光雨露的滋养下，慢慢长高、长大，最终成为枝繁叶茂的参天大树……小微企业的成长和活跃，是未来国家经济兴旺的重要促进因素。合肥高新区打造优势创业服务平台，让小微企业不仅能活下来，还能活得更好。在这里，只要你有梦想，就能够书写传奇。

各类人才的不断集聚，方能成为创新创业发展的源头活水。目前，合肥高新区的人力资源总量稳步增长，其中每万名从业人员中就有 900 名左右的硕士及以上学历人员，在全国高新区中位于前列，人文素质持续提升，人才结构日趋优化。

合肥高新区打造三大特色平台，激发"双创"主体活力，为创业者搭建了编织梦想的舞台。合肥高新区引进了中科院家电技术研究院、合工大汽车研究院等一批产学研项目。截至 2017 年初，合肥高新区拥有国家"千人计划" 23 人，"万人计划" 4 人，省、市"百人计划" 95 人，省战略性新兴产业领军人才 123 人，市级以上高层次人才创新创业团队 130 个，海外留学人员和外国专家 1600 多人。

在这 128 平方千米的土地上，一批批能够突破关键技术、发展高新产业、带动创新创业的精英，让合肥高新区不断创造着赶超世界科技前沿的可能。

2. 创优环境，释放人才活力

高新区的发展，需要依靠体制创新和科技创新，强化功能建设，营造吸引优秀科技人员和经营管理者创新创业的良好环境。唯有如此，才能最终将之打造成为科技创新和产业化发展的重要基地，在区域经济发展中发挥辐射和带动作用。故而，高新区只有创造"高""新"的发展环境，才能释放"高""新"的人才活力。现在，合肥高新区已经形成了平台载体完备、高端人才集聚、人居环境优良、"双创"氛围浓厚的人才生态体系。

合肥高新区围绕综合性国家科学中心核心区建设，加速构建"产业研究院创新+企业成果转化"的产业创新体系，形成了产业技术创新平台集群。其中，中国科学技术大学先进技术研究院、中科院合肥技术创新工程院累计孵化企业 180 多家，注册资金超 10 亿元，引进"千人计划""长江学者"等高端人才 40 多名。合肥高新区每年投入 1 亿元专项资金，惠及企业 400 多家，与先发城市相比，力度不减、覆盖更广。

此外，合肥高新区不仅构建了"众创空间—孵化器—加速器"的全程孵化链条，还在全省率先发行线上创新服务券——"合创券"，这既为各类人才提供了创业平台，又为其提供了创业之初宝贵的融资支持。截至目前，"合创券"已经累计发放 7000 万元，惠及 1240 家企业，实现了"政策扶持前置、线上线下结合、企业服务精准化"的三大突破。

高新人才释放了巨大创造力，也不断刷新着区域的持续创新力。今日的合肥高新区，受过高等教育（大专以上）的人员占 76%，80% 以上的高端人才集聚在战略性新兴产业，研发人员占全区从业人员的 34%，各类人才对经济发展的贡献率达 42.2%。量子通信、智能语音、光伏逆变器、太赫兹人体安检仪等 79 项创新成果，80% 来自合肥高新区，人才活力持续释放，人才效能初步显现，为合肥高新区抢占创新发展制高点打下了坚实基础。

3. 凝心聚力，崛起人才高地

本着以人为本的核心发展理念，依托政府引导、政策扶持和市场机制发展，合肥高新区会聚了一大批高素质人才，他们具有开拓创业精神、高度的事业心和责任感，团结精干。这里体现出了超常规、有特色等特征，成为产业聚集、科技腾飞的活力热土，更是激扬梦想、开拓创新的人才高地。

为牢牢把握人才这个第一资源，合肥高新区致力打造"江淮硅谷"人才品牌，围绕产业方向引进、培养人才团队，并在2017年继续扩大政策覆盖面，高层次人才创业最高可获奖励100万元，评选出的"江淮硅谷"创新创业团队最高可补助60万元，高层次人才引进、人才培养最高奖励50万元。设立的人才基金，为高层次人才创新创业给予股权融资支持，并可为高层次人才户籍、子女入学提供"一站式"服务。

2017年起，合肥市开始实施人才发展"6311"工程，未来五年安排不少于20亿元人才发展专项经费，通过体制机制创新，力争新引进及培养国内外顶尖人才和国家级领军人才600人、省市级领军人才3000人、高级人才10000人，集聚科技创新创业人才不少于10万人，以人才优先发展打造新一轮创新优势、产业优势和发展优势。

按照省、市相关部署，合肥高新区还将规划建设合肥国际人才城，集中打造集高端人才服务、创业项目孵化、人才成果展示、资源共享交流于一体，融通政府、企业、社会组织、专业人才的综合性服务平台。

设立人才基金、打造专业平台、实施人才安居、提供房租补贴、保障子女教育……合肥高新区量身打造的优质平台、政策、环境、服务"四位一体"人才生态体系，已经形成了持续性人才吸引力，令其在建设"人才生态最优地区""全国领先的人才高地"的进程中一路高歌、奔腾向前。

参考文献

［1］杨国安. 组织能力的杨三角［M］. 北京：机械工业出版社，2010.

［2］［美］尤金·W. 霍兰德. 导读德勒兹与加塔利《千高原》［M］. 周兮吟译. 重庆：重庆大学出版社，2016.

［3］［美］乔治·T. 米尔科维奇，杰里·M. 纽曼. 薪酬管理（第9版）［M］. 董克用译. 北京：中国人民大学出版社，2008.

［4］［美］丹尼尔·A. 雷恩，阿瑟·G. 贝德安. 西方管理思想史（第6版）［M］. 孙健敏译. 北京：中国人民大学出版社，2013.

［5］［日］立石泰则. 死于技术：索尼衰亡启示［M］. 王春燕译. 北京：中信出版社，2014.

［6］百度、搜狗、腾讯等网络最新资讯。

后　记

互联网时代，企业对人才的需求呈"爆炸式"增长，企业对员工也提出了更高的要求，人力资源管理面临新的挑战。企业人力资源管理部门应认识到，互联网时代人力资源的变化，核心还在于人的变化。如今，人的需求呈现多元化态势、人的流动频率加快、人对组织的黏度大大降低、人的价值创造能力不断放大，即使是小人物，也能创造大价值。企业要重新审视"人"这个最重要、最核心的资源，真正从"人力资本至上"的角度来重构管理理念和模式。

人才战略是人力资本至上思想的体现。人才战略的本质是将人才视作一种战略资源，注重培养人、吸引人、使用人、发掘人。为此，人力资源管理部门必须在教育培训、实践经验、健康保障等方面制定出能够落地执行的规划或方案，做到物质激励与精神激励相结合，并充分发挥企业文化的优势，使人才对推动企业可持续发展发挥出应有的作用。